Ο Φοβερός Δύναμη από Ευλογίες

Ρίτσαρντ Μπρουτόν

ο Φοβερός Δύναμη από Ευλογίες
Δημοσιεύθηκε από τα υπουργεία Richard Brunton
Νέα Ζηλανδία

© 2023 Richard Brunton

ISBN 978-0-473-67717-6 (Softcover)
ISBN 978-0-473-67718-3 (ePUB)
ISBN 978-0-473-67719-0 (Kindle)
ISBN 978-0-473-67720-6 (PDF)

Επεξεργασία:
Ευχαριστώ ιδιαιτέρως τη
Joanne Wiklund και τον Andrew Killick
για να καταστήσει την ιστορία πιο ευανάγνωστη από ό,
τι διαφορετικά θα ήταν!

Παραγωγή και στοιχειοθεσία:
Andrew Killick
Υπηρεσίες εκδοτικής κάστρου
www.castlepublishing.co.nz

Σχεδιασμός κάλυψης:
Paul Smith

Οι τιμές γραφών λαμβάνονται από το νέο
King James Version®. Copyright © 1982 από την Thomas Nelson, Inc.
που χρησιμοποιείται από την άδεια.
Ολα τα δικαιώματα διατηρούνται.

ΟΛΑ ΤΑ ΔΙΚΑΙΩΜΑΤΑ ΔΙΑΤΗΡΟΥΝΤΑΙ

Κανένα μέρος αυτής της δημοσίευσης δεν μπορεί να αναπαραχθεί,
να αποθηκευτεί σε σύστημα ανάκτησης ή να μεταδίδεται
σε οποιαδήποτε μορφή ή με οποιοδήποτε μέσο,
ηλεκτρονικό, μηχανικό, φωτοτυπικό, καταγραφή ή με άλλο τρόπο,
χωρίς προηγούμενη γραπτή άδεια του εκδότη

ΠΕΡΙΕΧΟΜΕΝΑ

Πρόλογος	5
Εισαγωγή	9

Μερος Πρωτο: Γιατί ευλογίες — **15**

Η διορατικότητα	17
Τη δύναμη της ομιλίας μας	21
Μετακίνηση από καλή ομιλία στην ευλογία	24
Τι είναι η χριστιανική ευλογία	27
Η πνευματική μας εξουσία	31

Μερος Δευτερο: Πως να το κάνεις — **39**

Μερικές σημαντικές αρχές	41
Κάντε ένα καθαρό στόμα έναν τρόπο ζωής	41
Ρωτήστε το Άγιο Πνεύμα τι να πείτε	41
Ευλογία ως ξεχωριστή από τη μεσολάβηση	42
Δεν κρίνω	43
Ένα παράδειγμα για την απεικόνιση	45
Διαφορετικές καταστάσεις που μπορεί να αντιμετωπίσουμε	47
Ευλογία όσων σας ανατρέπουν ή σας καταρατούν	47

Ευλογώντας εκείνους που σας πληγώνουν…	49
Ευλογία όσων σας προκάλεσαν	52
Ευλογία, αντί να καταραζόμαστε, οι ίδιοι	56
Αναγνωρίζοντας και σπάσιμο κατάρα	56
Ευλογώντας το στόμα κάποιου	59
Ευλογώντας το μυαλό κάποιου	60
Ευλογώντας το σώμα μας	61
Ευλογία του σπιτιού, του γάμου και των παιδιών σας	67
Ευλογία ενός πατέρα	75
Ευλογώντας τους άλλους απελευθερώνοντας το προφητικό	81
Ευλογώντας το χώρο εργασίας σας	82
Ευλογία μιας κοινότητας	85
Ευλογία της γης	87
Ευλογώντας τον Κύριο	89
Μια τελευταία λέξη από έναν αναγνώστη	90
Μια τελευταία λέξη από τον συγγραφέα	91
Αιτήσεις	92
Πώς να γίνετε Χριστιανός	94

ΠΡΟΛΟΓΟΣ

Σας ενθαρρύνω να διαβάσετε αυτό το μικρό βιβλίο με το ισχυρό του μήνυμα – θα αλλάξετε!

Ήταν ενώ ο Richard Brunton και εγώ είχαμε πρωινό ένα πρωί που μοιράστηκε αυτό που του είχε αποκαλύψει ο Θεός για τη δύναμη της ευλογίας και αμέσως είδα τη δυνατότητα για μεγάλη επίδραση στη ζωή των άλλων.

Γυρίσαμε το μήνυμά του για να δείξω στο στρατόπεδο των ανδρών της εκκλησίας μας. Οι παρόντες άνδρες πίστευαν ότι ήταν τόσο καλό που ήθελαν ολόκληρη η εκκλησία να το ακούσει. Οι άνθρωποι άρχισαν να το εφαρμόζουν σε κάθε τομέα της ζωής τους και ακούσαμε εκπληκτικές μαρτυρίες ως αποτέλεσμα. Ένας επιχειρηματίας ανέφερε ότι η επιχείρησή του είχε περάσει από «τίποτα, να επωφεληθεί» μέσα σε δύο εβδομάδες. Άλλοι θεραπεύτηκαν φυσικά καθώς άρχισαν να ευλογούν το σώμα τους.

Άλλες ευκαιρίες για ακρόαση αυτού του μηνύματος άρχισαν να ανοίγουν. Θα έπρεπε να μιλήσω σε μια εκδήλωση Gathering of the Generals (όπου οι εκκλησιαστικοί πάστορες έρχονται μαζί για να μάθουν και να ανανεωθούν) στην Κένυα και την Ουγκάντα. Ο Ρίτσαρντ με συνόδευε σε αυτό το ταξίδι και πήρε μια συνεδρία για την ευλογία. Το μήνυμα έσπασε με μακροχρόνια κενότητα και πόνο. Οι περισσότεροι από τους ανθρώπους στο ακροατήριο δεν είχαν ποτέ ευλογηθεί από τους πατέρες τους και όπως ο Ρίτσαρντ βρισκόταν σε αυτό το ρόλο και τους ευλόγησε, πολλοί φώναξαν και έμπειρη συναισθηματική και πνευματική απελευθέρωση μαζί με μια άμεση αλλαγή στη ζωή τους.

Η γνώση του πώς να ευλογεί έχει επηρεάσει τη ζωή μου στο σημείο που τώρα ψάχνω για ευκαιρίες να ευλογήσω τους άλλους σε «λέξη και πράξη» – μέσα από αυτό που λέω και κάνω. Θα απολαύσετε αυτό το μικρό βιβλίο και αν το εφαρμόσετε στη ζωή σας, η καρποφορία σας θα αφθονήσει και θα ξεχειλίσει για τη βασιλεία του Θεού.

Geoff Wiklund
Geoff Wiklund Ministries,
Πρώην πρόεδρος, υπόσχεση κατόχους,
Ώκλαντ, Νέα Ζηλανδία

Ο Θεός έχει ευλογήσει τον Ρίτσαρντ με μια αποκάλυψη της δύναμης της ευλογίας όταν απελευθερώνεται σε άλλους. Πιστεύω ότι αυτή είναι μια αποκάλυψη από τον Θεό για την εποχή μας.

Καθώς ο Ρίτσαρντ ζει το μήνυμά του, αυτό φέρνει μια αυθεντικότητα που οι άνθρωποι σχετίζονται αμέσως.

Αυτό μας έκανε να προσκαλέσουμε τον Richard να μιλήσει καθόλου τα γεγονότα των ανδρών των υπόσχεσης. Ο αντίκτυπος ήταν εξαιρετικά ισχυρός και αλλάζοντας τη ζωή για πολλούς.

Η «ευλογία» ήταν ένα θέμα που έφτασε και άρπαξε

τις καρδιές των ανδρών στα γεγονότα της υπόσχεσης. Υπήρξε μια τεράστια θετική απάντηση σε αυτή τη σημαντική διδασκαλία – την ευλογία, την ευλογία και τη δύναμη της «καλής ομιλίας». Πολλοί από τους άνδρες δεν είχαν ποτέ λάβει ευλογία ή τους έδωσαν σε άλλους. Αφού ακούσουν το μήνυμα του Ρίτσαρντ και διαβάζοντας αυτό το βιβλίο, έλαβαν μια ισχυρή ευλογία και ήταν εξοπλισμένοι για να ευλογούν τους άλλους στο όνομα του Πατέρα, του Υιού και του Αγίου Πνεύματος.

Επικροτώ τον Richard και αυτό το βιβλίο σχετικά με την εκπληκτική δύναμη της ευλογίας ως έναν ισχυρό τρόπο απελευθέρωσης της πληρότητας της ευλογίας του Θεού στις οικογένειές μας, στις κοινότητές μας και στο έθνος μας.

Paul Subritzky
Πρώην εθνικός διευθυντής, υπόσχονται κάτοχοι
Όκλαντ, Νέα Ζηλανδία

ΕΙΣΑΓΩΓΗ

Όλοι αγαπούν να ακούσουν συναρπαστικά νέα – και είναι ακόμα καλύτερο όταν το πείτε!

Όταν ανακάλυψα την αξία της ευλογίας, ήταν σαν να ήμουν ο άνθρωπος στη Βίβλο που ανακάλυψε τον θησαυρό σε έναν τομέα. Με ενθουσιασμό μοιράστηκα τις σκέψεις και τις εμπειρίες μου με τον Pastor Geoff Wiklund και μου ζήτησε να μιλήσω στους άνδρες από την εκκλησία του σε στρατόπεδο τον Φεβρουάριο του 2015. Ήταν τόσο εντυπωσιασμένοι που ήθελαν ολόκληρη η εκκλησία να ακούσει το μήνυμα.

Όταν μίλησα στην εκκλησία, συνέβη ότι ο Αιδεσιμότατος Μπράιαν Γαλλία, τα Χριστιανικά Υπουργεία Χαρίσματος και ο Paul Subritzky, των υπόσχεσης Keepers NZ, παρακολουθούσαν εκείνη την ημέρα. Αυτό οδήγησε στην κοινή χρήση του μηνύματος στο Charisma στη Νέα Ζηλανδία και στα Φίτζι και στους άνδρες της Promise Keepers επίσης. Πολλοί το πήραν και αμέσως άρχισαν να το εφαρμόζουν με εξαιρετικά αποτελέσματα. Κάποιοι σχολίασαν ότι δεν είχαν ακούσει ποτέ διδάσκοντας σε αυτή την πτυχή της Βασιλείας του Θεού.

Το υπουργείο ευλογίας φάνηκε να χιονίζει. (Δεν λέει ο Θεός, «το δώρο ενός ανθρώπου θα κάνει χώρο γι 'αυτόν»;) Προς τα τέλη του 2015, συνοδεύτηκα τον πάστορα Geoff στην Κένυα και την Ουγκάντα. Υπηρέτησε σε εκατοντάδες ποιμένες που παρακολουθούσαν τη συγκέντρωση των στρατηγών. Αυτό ήταν ένα ετήσιο γεγονός όπου οι delegates ζήτησαν έμπνευση και υποστήριξη και ο Geoff θεώρησε ότι η διδασκαλία μου για την ευλογία θα ήταν χρήσιμη γι 'αυτούς. Και έτσι αποδείχθηκε ότι ήταν. Όχι μόνο οι πάστορες, αλλά και άλλοι ομιλητές από την Αμερική, την Αυστραλία και τη Νότια Αφρική θεώρησαν ότι ήταν ένα ισχυρό μήνυμα και με ενθάρρυνε να κάνω κάτι για να φτάσω σε ένα ευρύτερο κοινό.

Δεν ήθελα ούτε να οικοδομήσω και να διατηρήσω έναν ιστότοπο ούτε να γράψω ένα σε βάθος εργασία όταν υπάρχουν ήδη και άλλα εξαιρετικά. Το μήνυμα της ευλογίας είναι πολύ απλό – να τεθεί σε εφαρμογή εύκολα – και δεν ήθελα να χαθεί η απλότητα της σε πολυπλοκότητα – εξ ου και αυτό το μικρό βιβλίο.

Έχω τραβήξει παραπομπές από τη δύναμη της ευλογίας από τον Kerry Kirkwood, τη χάρη που εκρήγνυται: να γίνει ένας λαός της ευλογίας από τον Roy Godwin και τον Dave Roberts, την ευλογία του πατέρα από τον Frank Hammond και το θαύμα και τη δύναμη της ευλογίας από τον Maurice Berquist. Είμαι βέβαιος ότι έχω τραβήξει ή έμαθα και από άλλα άτομα και άλλα βιβλία, αλλά με τα χρόνια όλα έχουν συγχωνευθεί μαζί.

Η ανακάλυψη της δύναμης της ευλογίας θα ανοίξει έναν εντελώς νέο τρόπο ζωής για όποιον ενεργεί πάνω του. Ευλογώ τους ανθρώπους τις περισσότερες μέρες τώρα – οι πιστοί και οι άπιστοι – σε καφετέριες, εστιατόρια, ξενοδοχεία, αίθουσες αναμονής και ακόμη και στο δρόμο. Έχω ευλογήσει ορφανά, στελέχη ορφανοτροφών, αεροπορική οικοδέσποινα σε αεροπλάνο, οπωρώνες, ζώα, πορτοφόλια, επιχειρήσεις και ιατρικές παθήσεις. Είχα μεγαλώσει άνδρες και γυναίκες που κλαίνε στο στήθος μου, όπως έχω διακηρύξει την ευλογία ενός πατέρα πάνω τους.

Όταν μιλάτε με απίστους, διαπίστωσα ότι «μπορώ να σας ευλογήσω/την επιχείρησή σας/το γάμο σας κλπ;» Είναι λιγότερο απειλητικό από ό, τι «μπορώ να προσευχηθώ για σένα;» Πράγματι, αυτή η απλή προσέγγιση, που εκφράζεται με αγάπη, οδήγησε σε ένα από Τα μέλη της οικογένειάς μου έρχονται να γνωρίζουν την αγάπη και την εξοικονόμηση της δύναμης του Ιησού Χριστού, μετά από χρόνια επιχειρηματολογίας.

Συχνά δεν βλέπω το αποτέλεσμα, αλλά έχω δει αρκετά για να γνωρίζω ότι η ευλογία αλλάζει ζωές. Και έχει αλλάξει και το δικό μου.

Είναι η φύση του Θεού να ευλογεί και, όπως τα πλάσματα που γίνονται στην εικόνα Του, είναι και στο πνευματικό μας DNA. Το Άγιο Πνεύμα περιμένει τον λαό του Θεού να βγει με πίστη και στην εξουσία που κέρδισε ο Ιησούς Χριστός για αυτούς, προκειμένου να μεταμορφώσει τις ζωές.

Είμαι βέβαιος ότι θα βρείτε αυτό το φυλλάδιο χρήσιμο. Ο Ιησούς δεν μας άφησε ανίσχυρο. Η ομιλία ευλογιών σε όλες τις καταστάσεις είναι μια παραμελημένη πνευματική χάρη που έχει τη δυνατότητα να αλλάξει τον κόσμο σας.

Απολαμβάνω.
Richard Brunton (Ρίτσαρντ Μπρουτόν)

ΜΕΡΟΣ ΠΡΩΤΟ:
Γιατί ευλογίες

Η ΔΙΟΡΑΤΙΚΟΤΗΤΑ

Η σύζυγός μου Nicole είναι νέα Caledonian και έτσι, φυσικά, αυτό σήμαινε ότι έπρεπε να μάθω να μιλάω γαλλικά και να περάσω ένα δίκαιο χρόνο στη γενέτειρά της, Noumea. Αν και η Νέα Καληδονία είναι κυρίως μια καθολική χώρα, δεν ήταν πολύ καιρό πριν παρατήρησα ότι πολλοί άνθρωποι εξακολουθούσαν να έρχονται σε επαφή με τη «σκοτεινή πλευρά», ενώ ασκούσαν επίσης τη θρησκεία τους. Δεν ήταν ασυνήθιστο για τους ανθρώπους να επισκέπτονται ένα μέσο, clairvoyant ή ένα guérisseur χωρίς να καταλάβουν ότι ήταν στην πραγματικότητα συμβουλευτική μαγεία.

Θυμάμαι ότι η γυναίκα μου με πήρε για να επισκεφτώ μια νεαρή γυναίκα στα είκοσι της που είχε μεταφερθεί σε έναν από αυτούς τους «θεραπευτές», αλλά που σύντομα αργότερα κατέληξε σε ένα σπίτι για διανοητικά διαταραγμένους ή καταθλιπτικούς ανθρώπους. Όπως κατάλαβα ότι ήταν χριστιανός, διέταξα τους δαίμονες που την είχαν εισέλθει να πάει, στο όνομα του Ιησού Χριστού. Ένας καθολικός ιερέας προσευχόταν επίσης και, μεταξύ μας, αυτό το κορίτσι απελευθερώθηκε και απελευθερώθηκε από το ίδρυμα λίγο αργότερα.

Άλλοι δήλωσαν την καθολική θρησκεία τους και παρουσίασαν ανοιχτά αγάλματα ή αντικείμενα άλλων θεών. Υπήρχε ένας τέτοιος άνθρωπος που γνώρισα ο οποίος είχε συνεχή προβλήματα στο στομάχι. Μια μέρα του είπα ότι πίστευα ότι αν ξεφορτωθεί το μεγάλο, λιπαρό Βούδα που ήταν μπροστά στο σπίτι του – όλα φωτίστηκαν τη νύχτα – τα προβλήματα του στομάχου θα έπαψαν. Επιπλέον, μερικά από τα αντικείμενα που είχε συλλέξει έπρεπε να πάνε. Αντέστρεψε – πώς θα μπορούσαν αυτά τα «νεκρά» πράγματα να τον αρρωσταίνουν; Μετά από μερικούς μήνες τον είδα ξανά και ρώτησα πώς ήταν το στομάχι του. Κάπως προφυλακτικά απάντησε: «Τελικά πήρα τις συμβουλές σας και ξεφορτώσαμε τον Βούδα. Το στομάχι μου είναι εντάξει τώρα.»

Σε άλλη περίπτωση, μου ζητήθηκε να πάω στο σπίτι μιας γυναίκας με καρκίνο. Πριν αρχίσω να προσεύχομαι, πρότεινα να ξεφορτωθούν τα αγάλματα του Βούδα στο σαλόνι τους, το οποίο ο σύζυγός της αμέσως. Καθώς έσπασε την κατάρα της και διέταξε τους δαίμονες να φύγουν στο όνομα του Ιησού, περιέγραψε ένα παγωμένο κρύο που κινείται μέχρι το σώμα της από τα πόδια της και αφήνοντας από το κεφάλι της.

Έτσι, σε αυτό το υπόβαθρο, αποφάσισα να δώσω μια διδασκαλία για «κατάρα» σε μια ομάδα προσευχής που η γυναίκα μου και εγώ είχαμε ξεκινήσει στο διαμέρισμα Noumea μας. Η διδασκαλία βασίστηκε στο έργο του Derek Prince (Derek Prince ήταν ένας διάσημος δάσκαλος της Βίβλου του εικοστού αιώνα). Ενώ προετοίμαζα το μήνυμά μου στα γαλλικά, έμαθα ότι η λέξη τους για κατάρα ήταν malédiction, και η λέξη τους για την ευλογία ήταν bénédiction. Οι ριζικές έννοιες για αυτές τις λέξεις είναι «κακές ομιλίες» και «καλή ομιλία».

Παλαιότερα, όταν συνέκρινα την κατάρα και την ευλογία, η κατάρα φαινόταν σκοτεινή, βαριά και επικίνδυνη και η ευλογία φαινόταν αρκετά ελαφρύ και καλοήθη. Είχα ακούσει τις διδασκαλίες για την κατάρα, αλλά ποτέ για την ευλογία – που πιθανώς συνέβαλαν στην αντίληψή μου. Επίσης, δεν είχα ακούσει ποτέ κανέναν να ευλογεί άλλο άτομο με πραγματική πρόθεση και αντίκτυπο. Στην πραγματικότητα, η έκταση της ευλογίας ενός χριστιανού μπορεί να είναι να πούμε, «να σας ευλογεί», όταν κάποιος φτερνίζει ή γράφει «ευλογίες» στο τέλος μιας επιστολής ή ενός ηλεκτρονικού ταχυδρομείου – σαν να ήταν σχεδόν μια συνήθεια και όχι κάτι σκόπιμο.

Αργότερα, όπως σκέφτηκα με αυτά τα λόγια, «Malediction» και «Benediction», μου φάνηκε ότι αν η «κακή ομιλία» ήταν ισχυρή, τότε η «καλή ομιλία» πρέπει να είναι τουλάχιστον τόσο ισχυρή και, με τον Θεό, ίσως πολύ πιο ισχυρό!

Αυτή η αποκάλυψη, μαζί με άλλες ιδέες για τις οποίες θα μιλήσουμε αργότερα, με έβαλε σε ένα μάθημα για να ανακαλύψω τη δύναμη της ευλογίας.

ΤΗ ΔΥΝΑΜΗ ΤΗΣ ΟΜΙΛΙΑΣ ΜΑΣ

Δεν θέλω να επαναλάβω αυτό που έχουν πει πολλά καλά βιβλία για τη δύναμη των λέξεων μας, θέλω να δώσω μια περίληψη αυτού που πιστεύω ότι είναι πολύ σημαντικό σε αυτόν τον τομέα.

Ξέρουμε ότι:

> Ο θάνατος και η ζωή βρίσκονται στη δύναμη της γλώσσας και εκείνοι που την αγαπούν, θα φάνε τα φρούτα του. (Παροιμίες 18:21)

Οι λέξεις περιέχουν τεράστια δύναμη – είτε θετική και εποικοδομητική είτε αρνητική και καταστροφική. Κάθε φορά που μιλάμε λόγια (και ακόμη και χρησιμοποιούμε έναν συγκεκριμένο τόνο, που προσθέτει νόημα στις λέξεις), μιλάμε είτε ζωή είτε θάνατο σε όσους μας ακούν και στον εαυτό μας. Επιπλέον, το γνωρίζουμε:

Από την αφθονία της καρδιάς μιλάει το στόμα. Ένας καλός άνθρωπος από τον καλό θησαυρό της καρδιάς του φέρνει καλά πράγματα και ένας κακός άνθρωπος από τον κακό θησαυρό φέρνει τα κακά πράγματα. (Ματθαίος 12:34-35)

Έτσι, από μια κρίσιμη καρδιά μιλάει μια κρίσιμη γλώσσα. από μια αυτοπεποίθηση καρδιά, μια κρίσιμη γλώσσα. Μια αχάριστη καρδιά, μια διαμαρτυρία γλώσσα. και ούτω καθεξής. Ομοίως, οι λαχταριστές καρδιές φέρουν αντίστοιχα φρούτα. Ο κόσμος είναι γεμάτος αρνητική ομιλία. Τα μέσα μαζικής ενημέρωσης το εκτοξεύουν μέρα με τη μέρα. Η ανθρώπινη φύση είναι αυτό που είναι, τείνουμε να μην μιλάμε καλά πάνω από ανθρώπους ή καταστάσεις. Δεν φαίνεται να έρχεται φυσικά σε εμάς. Συχνά περιμένουμε μέχρι να πεθάνουν οι άνθρωποι πριν λένε ωραία πράγματα γι 'αυτά. Ωστόσο, οι «καλοί θησαυροί» πηγαίνουν από τις αγαπημένες καρδιές που θα μιλήσουν με μια ευγενική γλώσσα. από ειρηνικές καρδιές, μια λογική γλώσσα. και ούτω καθεξής.

Η δήλωση, «και εκείνοι που το αγαπούν, θα φάνε το φρούτο του» υποδηλώνει ότι θα αποκομίσουμε αυτό που σπέρνουμε – είτε είναι καλό είτε κακό. Με άλλα λόγια, θα πάρετε αυτό που λέτε. Τι σκέφτεσαι για αυτό;

Αυτό ισχύει για όλα τα ανθρώπινα όντα, ανεξάρτητα από το αν έχουν χριστιανική πίστη ή όχι. Οι Χριστιανοί και οι μη Χριστιανοί μπορούν να μιλήσουν για τη ζωή-για παράδειγμα, είτε μπορεί να πει: «Υιός, αυτό είναι μια μεγάλη καλύβα που έχετε χτίσει. Θα μπορούσατε να είστε ένας εξαιρετικός οικοδόμος ή ένας αρχιτέκτονας μια μέρα. Μπράβο.»

Ωστόσο, ένας γεννημένος Χριστιανός έχει μια νέα καρδιά. Η Βίβλος το θέτει ότι είμαστε «νέες δημιουργίες» (2 Κορινθίους 5:17). Ως εκ τούτου, ως Χριστιανοί, θα πρέπει να κάνουμε πιο καλή ομιλία και λιγότερο κακό. Μπορούμε εύκολα να περάσουμε από την αρνητικότητα αν δεν είμαστε προσεκτικοί για να φυλάσσουμε τις καρδιές και τα λόγια μας. Μόλις αρχίσετε να το σκεφτείτε συνειδητά, θα εκπλαγείτε πόσο συχνά οι Χριστιανοί – ακόμα και άθελά – καταραστείτε τους εαυτούς τους και τους άλλους. Περισσότερα για αυτό αργότερα.

ΜΕΤΑΚΙΝΗΣΗ ΑΠΟ ΚΑΛΗ ΟΜΙΛΙΑ ΣΤΗΝ ΕΥΛΟΓΙΑ: Η ΚΛΗΣΗ ΜΑΣ

Ως Χριστιανοί, με τη ζωή του Κυρίου Ιησού που ρέει μέσα από μας, μπορούμε να προχωρήσουμε πέρα από την καλή ομιλία – μπορούμε να μιλήσουμε και να μεταδώσουμε ευλογίες πάνω στους ανθρώπους ή τις καταστάσεις – και μάλιστα καλούμαστε να το πράξουμε. Ίσως η ευλογία είναι η μεγάλη μας κλήση. Διάβασε τα παρακάτω:

> *Να είστε τρυφεροί, να είστε ευγενικοί. Δεν επιστρέφετε το κακό για το κακό ή το reviling for reviling, αλλά αντίθετα ευλογία, γνωρίζοντας ότι σας καλείται σε αυτό, ότι μπορείτε να κληρονομήσετε μια ευλογία. (1 Πέτρος 3:8-9)*

Καλούμαστε να ευλογήσουμε και να λάβουμε μια ευλογία.

Το πρώτο πράγμα που ο Θεός μίλησε στον Αδάμ και την Εύα ήταν μια ευλογία:

Τότε ο Θεός τους ευλόγησε, και ο Θεός τους είπε: «Να είστε καρποφόροι και να πολλαπλασιάσετε. Γεμίστε τη γη και υποβάλετε την...» (Γένεση 1:28)

Ο Θεός τους ευλόγησε για να είναι καρποφόρα. Η ευλογία είναι ένα χαρακτηριστικό του Θεού – είναι αυτό που κάνει! Και όπως ο Θεός – και από τον Θεό – έχουμε και την εξουσία και τη δύναμη να ευλογούμε τους άλλους.

Ο Ιησούς ευλογημένος. Το τελευταίο πράγμα που έκανε, ακόμα κι αν ήταν έτοιμος να ανεβαίνει στον ουρανό, ήταν να ευλογήσει τους μαθητές του:

Και τους οδήγησε μέχρι τη Bethany, και σήκωσε τα χέρια του και τα ευλόγησε. Τώρα ήρθε να περάσει, ενώ τους ευλόγησε, ότι ήταν χωρισμένος από αυτούς και μεταφέρθηκε στον ουρανό. (Λουκάς 24:50-51)

Ο Ιησούς είναι το πρότυπο μας. Είπε ότι πρέπει να

κάνουμε τα ίδια πράγματα που έκανε, στο όνομά του. Είμαστε σχεδιασμένοι από τον Θεό για να ευλογούν.

ΤΙ ΕΙΝΑΙ Η ΧΡΙΣΤΙΑΝΙΚΗ ΕΥΛΟΓΙΑ

Στην Παλαιά Διαθήκη, η λέξη «ευλογία» είναι η εβραϊκή λέξη barak. Αυτό σημαίνει απλώς «να μιλήσουμε την πρόθεση του Θεού».

Στην Καινή Διαθήκη, η λέξη «ευλογία» είναι η ελληνική λέξη eulogia, από την οποία παίρνουμε τη λέξη «eulogy». Έτσι, στην πράξη, αυτό σημαίνει «να μιλάμε καλά» ή «να μιλήσουμε για την πρόθεση και την εύνοια του Θεού» σε ένα άτομο.

Αυτός είναι ο ορισμός της ευλογίας που θα χρησιμοποιήσω για αυτό το βιβλίο. Η ευλογία είναι να μιλήσουμε τις προθέσεις ή την εύνοια του Θεού για κάποιον ή κάποια κατάσταση.

Ο Θεός, ως επί το πλείστον, στη σοφία Του, αποφάσισε να περιορίσει το έργο Του στη γη σε αυτό που μπορεί να επιτύχει μέσω του λαού Του. Έτσι φέρνει τη βασιλεία του στη γη. Κατά συνέπεια, θέλει να ευλογούμε για λογαριασμό του. Έτσι, ως Χριστιανός, μπορώ να μιλήσω τις προθέσεις του Θεού ή να ευνοήσω για κάποιον ή κάποια κατάσταση στο όνομα του Ιησού. Αν το κάνω αυτό με πίστη και αγάπη, τότε έχω τη δύναμη του ουρανού πίσω από αυτό που λέω και μπορώ να περιμένω ότι ο Θεός θα κινηθεί για να αλλάξει τα πράγματα από εκεί που βρίσκονται, όπου θέλει να είναι. Όταν ευλογώ κάποιον σκόπιμα, με αγάπη και πίστη, επιτρέπω στον Θεό να ενεργοποιήσει τα σχέδιά Του για αυτό το άτομο.

Από την άλλη πλευρά, κάποιος μπορεί σκόπιμα, ή συνήθως ακούσια, να μιλήσει τις προθέσεις του Σατανά πάνω από κάποιον, ή ακόμα και τον εαυτό τους, οι οποίες στη συνέχεια εμποδίζουν τις δαιμονικές δυνάμεις να ενεργοποιήσουν τα σχέδιά τους για αυτό το άτομο – δηλαδή να κλέψουν, να σκοτώσουν και να καταστρέψουν. Αλλά επαινέσω τον Θεό,

Αυτός που είναι μέσα σας είναι μεγαλύτερος από αυτόν που είναι στον κόσμο. (1 Ιωάννης 4: 4)

Είναι η ίδια η καρδιά του Θεού να ευλογεί – πράγματι η φύση Του! Η επιθυμία του Θεού να ευλογεί είναι συγκλονιστικά υπερβολική. Τίποτα δεν μπορεί να τον σταματήσει. Είναι αποφασισμένος να ευλογεί την ανθρωπότητα. Η λαχτάρα του είναι ότι ο Ιησούς θα έχει πολλά αδέλφια. Αυτοί είμαστε εμείς! Ωστόσο, ενώ είναι η ίδια η καρδιά του Θεού να ευλογεί την ανθρωπότητα, επιθυμεί ακόμη περισσότερο ότι ο λαός του θα ευλογεί ο ένας τον άλλον.

Όταν ευλογούμε στο όνομα του Ιησού, το Άγιο Πνεύμα έρχεται επειδή αντανακλούμε κάτι που κάνει ο Πατέρας – μιλάμε για τα λόγια που ο Πατέρας επιθυμεί να ειπωθεί. Είμαι συνεχώς έκπληκτος για το πόσο αληθινό είναι αυτό. Όταν ευλογώ κάποιον, εμπλέκεται το Άγιο Πνεύμα – αγγίζει το άλλο πρόσωπο, η αγάπη απελευθερώνεται και τα πράγματα αλλάζουν. Συχνά οι άνθρωποι με αγκαλιάζουν μετά, ή κλαίνε και λένε, «δεν ξέρετε πόσο έγκαιρα και ισχυρά ήταν αυτό», ή «δεν ξέρετε πόσο χρειαζόμουν αυτό».

Αλλά εδώ είναι κάτι πολύ σημαντικό να σημειωθεί: Ευλογούμε από έναν τόπο οικειότητας με τον Θεό, από την παρουσία Του. Η πνευματική μας εγγύτητα με τον Θεό είναι πολύ σημαντική. Τα λόγια μας είναι τα λόγια του και είναι χρισμένοι με τη δύναμή του να επιτύχει τις προθέσεις του για αυτό το άτομο ή την κατάσταση. Αλλά ας δημιουργήσουμε αντίγραφα ασφαλείας…

Η ΠΝΕΥΜΑΤΙΚΗ ΜΑΣ ΕΞΟΥΣΙΑ

Στην Παλαιά Διαθήκη, οι ιερείς επρόκειτο να παρεμβαίνουν για τους ανθρώπους και να προφέρουν ευλογίες πάνω τους.

Αυτός είναι ο τρόπος που θα ευλογήσετε τα παιδιά του Ισραήλ. Πείτε τους:

Ο Κύριος σε ευλογεί και σε κρατάει.
Ο Κύριος κάνει το πρόσωπό Του για να λάμψει
πάνω σου και να είναι ευγενικός σε σας.
Ο Κύριος σηκώνει το πρόσωπό του πάνω σας
και σας δίνει ειρήνη.

Έτσι θα βάλουν το όνομά μου στα παιδιά του Ισραήλ και θα τους ευλογήσω. (Αριθμοί 6:23-27)

Στην Καινή Διαθήκη, εμείς ως Χριστιανοί καλούμε:

Μια επιλεγμένη γενιά, μια βασιλική ιεροσύνη, ένα ιερό έθνος, ο δικός του ειδικός λαός, που μπορείτε να διακηρύξετε τους επαίνους αυτού που σας κάλεσε από το σκοτάδι στο θαυμάσιο φως του. (1 Πέτρος 2:9)

Και ο Ιησούς

…μας έκανε βασιλιάδες και ιερείς στον Θεό και τον Πατέρα Του… (Αποκάλυψη 1:6)

Πριν από λίγο καιρό, καθόμουν στο Ouen Toro, ένα σημείο επιφυλακής στο Noumea, αναζητώντας ένα μήνυμα για να φέρει σε μια ομάδα προσευχής. Ένιωσα τον Θεό να πει: «Δεν ξέρετε ποιοι είστε.» Τότε μερικοί μήνες αργότερα: «Αν γνωρίζατε μόνο την εξουσία που έχετε στον Ιησού Χριστό, θα αλλάξατε τον κόσμο». Και τα δύο αυτά μηνύματα ήταν για συγκεκριμένες ομάδες ανθρώπων Αλλά, συνειδητοποίησα αργότερα, ήταν και για μένα.

Νομίζω ότι είναι γενικά γνωστό στους χριστιανικούς κύκλους που μιλούν απευθείας σε μια ασθένεια ή μια κατάσταση (ένα «βουνό» – Μάρκος 11:23) και η διοίκηση μιας επούλωσης είναι πιο αποτελεσματική από το να ζητάς από τον Θεό να το κάνει (Ματθαίος 10:8; Μάρκος 16:17-18). Αυτό ήταν σίγουρα η εμπειρία μου και η εμπειρία πολλών άλλων γνωστών και σεβαστών ανθρώπων που είναι ενεργοί και επιτυχημένοι στο υπουργείο επούλωσης και απελευθέρωσης. Πιστεύω ότι ο Ιησούς λέει στην πραγματικότητα, «θεραπεύετε τους άρρωστους (στο όνομά μου). Δεν είναι δουλειά μου, είναι δουλειά σου. Το κάνεις.»

Ο Θεός θέλει να θεραπεύσει και θέλει να το κάνει μέσα από εμάς. Ο Θεός θέλει να παραδώσει και θέλει να το κάνει μέσα από εμάς. Ο Θεός θέλει να ευλογεί και θέλει να το κάνει μέσα από εμάς. Μπορούμε να ζητήσουμε από τον Θεό να ευλογεί ή μπορούμε να ευλογήσουμε στο όνομα του Ιησού.

Πριν από μερικά χρόνια, θυμάμαι να παίρνω τον χρόνο να πάω νωρίς για να δουλέψω για να ευλογήσω την επιχείρησή μου. Ξεκίνησα με, «Θεέ, ευλογώ τον Colmar Brunton». Ένιωσα επίπεδη. Τότε άλλαξα – μια μικρή δειλή στην αρχή – από το «Θεό ευλογεί τον Colmar Brunton» σε:

Colmar Brunton, σε ευλογώ στο όνομα του Πατέρα, του Υιού και του Αγίου Πνεύματος. Σας ευλογώ στο Ώκλαντ και σας ευλογώ στο Ουέλλινγκτον και σας ευλογώ στις περιοχές. Σας ευλογώ στη δουλειά και σας ευλογώ στο σπίτι.

Απελευθερώσω τη βασιλεία του Θεού σε αυτό το μέρος.

Ελάτε Άγιο Πνεύμα, είστε ευπρόσδεκτοι εδώ. Απελευθερώνω την αγάπη και τη χαρά και την ειρήνη και την υπομονή και την καλοσύνη και την καλοσύνη και την ευγένεια και την πιστότητα και τον αυτοέλεγχο και την ενότητα. Στο όνομα του Ιησού, απελευθερώσω ιδέες από τη βασιλεία του Θεού που θα βοηθούσαν τους πελάτες μας να πετύχουν και να κάνουν τον κόσμο ένα καλύτερο μέρος.

Απελευθερώσω χάρη στην αγορά των πελατών. Απελευθερώσω χάρη στην αγορά απασχόλησης.

Ευλογώ το όραμά μας: «Καλύτερη επιχείρηση, καλύτερος κόσμος». Στο όνομα του Ιησού, Αμήν.

Όπως ένιωσα led, θα έκανα ένα σημάδι του σταυρού στην είσοδό μας και θα εφαρμόσω πνευματικά την προστασία του αίματος του Ιησού πάνω από την επιχείρησή μας.

Από τη στιγμή που άλλαξα από τον «Θεό, ευλογώ τον Colmar Brunton» στο «Ευλογώ τον Colmar Brunton στο όνομα του Πατέρα, του Υιού και του Αγίου Πνεύματος», το χρίσμα του Θεού έπεσε πάνω μου – ένιωθα την ευχαρίστηση και την επιβεβαίωση του Θεού. Ήταν σαν να έλεγε: «Το έχεις, γιος. Αυτό είναι που θέλω να κάνετε. «Αν και πρέπει να το έκανα τώρα εκατοντάδες φορές, πάντα ένιωσα την ευχαρίστηση του Θεού σε αυτό. Και τα αποτελέσματα; Η ατμόσφαιρα στο γραφείο άλλαξε και άλλαξε γρήγορα, στο σημείο όπου οι άνθρωποι θα μιλούσαν ανοιχτά γι 'αυτό και αναρωτιούνται γιατί τα πράγματα ήταν τόσο διαφορετικά. Ήταν πραγματικά εκπληκτικό! Η ευλογία μπορεί πραγματικά να αλλάξει τον κόσμο μας.

Αλλά δεν σταμάτησα εκεί. Το πρωί, ενώ το γραφείο ήταν ακόμα άδειο, όταν ήρθα στην καρέκλα κάποιου που χρειάστηκε σοφία για μια συγκεκριμένη κατάσταση, θα τους ευλογούσα, βάζοντας τα χέρια στην καρέκλα, πιστεύοντας ότι ένα χρίσμα για να επιτύχει την ευλογία θα περάσει στο ύφασμα της καρέκλας και ούτω καθεξής στο άτομο που κάθεται πάνω του (Πράξεις 19:12). Κάθε φορά που γνώριζα ότι οι συγκεκριμένες ανάγκες που αντιμετωπίζουν οι άνθρωποι, θα ευλογώ με αυτόν τον τρόπο.

Θυμάμαι ιδιαίτερα ένα άτομο που συνήθως βλάπτει – δηλαδή, χρησιμοποίησε το όνομα του Θεού ως expletive. Ένα πρωί έβαλα τα χέρια στην καρέκλα του, δεσμεύοντας το πνεύμα της βλασφημίας, στο όνομα του Ιησού. Χρειάστηκαν αρκετές πηγές, αλλά τελικά το κακό πνεύμα πίσω από αυτό έπρεπε να υποκύψει το γόνατο σε μεγαλύτερη δύναμη και η βλασφημία εξαφανίστηκε από το λεξιλόγιο του ανθρώπου του ανθρώπου.

Θυμάμαι επίσης έναν άνθρωπο που έρχεται σε μένα για προσευχή, θέλοντας στον Θεό να τον βγάλει από τον τόπο εργασίας του, επειδή όλοι εκεί ήταν βλάστηση. Πήρα μια αντίθετη άποψη: αυτός ο άνθρωπος ήταν εκεί για να ευλογεί το χώρο εργασίας του και να αλλάξει την ατμόσφαιρα! Μπορούμε να αλλάξουμε τον κόσμο μας.

Έχω σχηματίσει την άποψη ότι ενώ ο Θεός επιθυμεί να ευλογεί την ανθρωπότητα, ακόμα περισσότερο επιθυμεί για εμάς – τους ανθρώπους του, τα παιδιά του – να ευλογούν την ανθρωπότητα. Έχετε πνευματική εξουσία. Ευλογικά!

Ο Ουράνιος Πατέρας μας θέλει να συμμετάσχουμε, να συνεργαστούμε, μαζί του στο έργο του. Μπορούμε να ευλογήσουμε την ανθρωπότητα με θεραπεία και απελευθέρωση, αλλά μπορούμε επίσης να ευλογούμε την ανθρωπότητα με τα λόγια μας. Είμαστε οι άνθρωποι που ο Θεός χρησιμοποιεί για να ευλογεί τον κόσμο. Τι ιδιωτικό και ευθύνη!

Έτσι, για μένα, η ευλογία μιλάει για τους σκοπούς του Θεού για τη ζωή ή τις καταστάσεις των ανθρώπων με αγάπη, ανοιχτά μάτια, σκόπιμα, με εξουσία και εξουσία, από το πνεύμα μας γεμάτο με ιερό πνεύμα. Με απλά λόγια, η ευλογία ενεργεί με πίστη δηλώνοντας την πρόθεση του Θεού για το άτομο ή την κατάσταση. Όταν δηλώνουμε την πρόθεση του Θεού, απελευθερώνουμε την ικανότητά Του να αλλάξουμε τα πράγματα από εκεί που βρίσκονται εκεί που θέλει να είναι.

Και θυμηθείτε – είμαστε ευλογημένοι γιατί ευλογούμε.

ΜΕΡΟΣ ΔΕΥΤΕΡΟ:

Πως να το κάνεις

ΜΕΡΙΚΕΣ ΣΗΜΑΝΤΙΚΕΣ ΑΡΧΕΣ

Κάντε ένα καθαρό στόμα έναν τρόπο ζωής

Και έτσι η ευλογία και η κατάρα έρχονται από το ίδιο στόμα. Σίγουρα οι αδελφοί και οι αδελφές μου αυτό δεν είναι σωστό! (James 3:10, NLB)

Εάν λέτε τι είναι πολύτιμο και όχι αυτό που είναι άχρηστο, θα είστε ως στόμα μου. (Ιερεμίας 15:19b, RSV)

Εάν θέλετε να μιλήσετε με τις προθέσεις του Θεού για τους ανθρώπους, τότε πρέπει να αποφύγετε τις λέξεις που είναι άχρηστες – ή χειρότερες από τις άχρηστες.

Ρωτήστε το Άγιο Πνεύμα τι να πείτε

Ανακατέψτε το πνεύμα σας (μέσω λατρείας ή μιλώντας σε γλώσσες). Ζητήστε από το Άγιο Πνεύμα να σας αφήσει να αισθανθείτε την αγάπη του Πατέρα για το άτομο που θέλετε να ευλογήσετε. Προσευχήσου κάτι τέτοιο:

Πατέρα, τι επιθυμείτε να ειπωθεί; Παρακαλώ δώστε μου μια λέξη ευλογίας για αυτό το άτομο. Πώς μπορώ να τον ενθαρρύνω ή να τον παρηγορήσω;

Ευλογία ως ξεχωριστή από τη μεσολάβηση
Οι περισσότεροι άνθρωποι βρίσκουν ότι είναι αρκετά δύσκολο να μάθουν να μιλάνε ευλογίες. Πάντα αρχίζουν να «παρεμβαίνουν», ζητώντας από τον πατέρα να ευλογεί. Αν και αυτό είναι καλό να κάνουμε, μια ευλογία που ομιλείται με αυτόν τον τρόπο είναι στην πραγματικότητα μια προσευχή και είναι σημαντικό να γνωρίζουμε τη διαφορά. Η ομιλία ή η προφορά ευλογιών δεν αντικαθιστά την προσευχή και τη μεσολάβηση, αλλά είναι ένας σύντροφος γι 'αυτούς – θα πρέπει να βρίσκονται τακτικά μαζί.

Οι συγγραφείς Roy Godwin και Dave Roberts στο βιβλίο τους Η χάρη που εκρήγνυται έβαλε πολύ καλά:

Όταν ευλογούμε, βλέπουμε το άτομο στο μάτι (αν αυτή είναι η κατάσταση) και μιλάμε απευθείας σε αυτόν. Για παράδειγμα, μπορούμε να πούμε κάτι σαν: «Σας ευλογώ στο όνομα του Κυρίου, ότι η χάρη του Κυρίου Ιησού μπορεί να στηριχτεί σε σας. Σας ευλογώ στο όνομά του ότι η αγάπη του Πατέρα μπορεί να σας περιβάλλει και να σας γεμίσει. ότι ίσως γνωρίζετε στο βαθύτερό σας είναι πόσο πλήρως και εντελώς σας δέχεται και χαίρεται πάνω σας.»

Παρατηρήστε την προσωπική αντωνυμία «Ι». Εγώ είμαι που προφέρει ευλογία στο όνομα του Ιησού πάνω από το άτομο άμεσα. Δεν προσευχόμουν στον Θεό για μια ευλογία, αλλά μίλησα μια ευλογία χρησιμοποιώντας την αρχή που ο Ιησούς μας δίνει να προφέρουμε ευλογία στους ανθρώπους, ώστε να μπορεί να έρθει και να τους ευλογεί.

Δεν κρίνω

Μην κρίνετε αν κάποιος αξίζει μια ευλογία ή όχι. Η αληθινή ευλογία, που μιλάει για κάποιον ή κάτι τέτοιο, περιγράφει τον τρόπο με τον οποίο ο Θεός τους βλέπει. Η εστίαση του Θεού δεν είναι στο πώς μπορεί να φαίνονται αυτή τη στιγμή, αλλά ο τρόπος που υποτίθεται ότι είναι.

Για παράδειγμα, ο Θεός κάλεσε τον Gideon έναν «ισχυρό άνθρωπο της valor» (δικαστές 6:12) όταν, τότε, ήταν οτιδήποτε άλλο! Ο Ιησούς κάλεσε τον Πέτρο «βράχο» (Ματθαίος 16:18) πριν είχε τους «ώμους» να μεταφέρει την εξάρτηση των άλλων ανθρώπων από αυτόν. Επιπλέον, διαβάζουμε, «Θεέ ... δίνει ζωή στους νεκρούς και καλεί εκείνα τα πράγματα που δεν υπάρχουν σαν να το έκαναν» (Ρωμαίους 4:17). Αν το καταλάβουμε αυτό, θα εξαλείψει την τάση μας να ενεργούμε ως «δικαστής» για το αν κάποιος αξίζει μια ευλογία.

Όσο λιγότεροι άνθρωποι αξίζουν ευλογία, τόσο περισσότερο το χρειάζονται. Οι άνθρωποι που ευλογούν τους μη αποβιβασμένους ανθρώπους λαμβάνουν τη μεγαλύτερη ευλογία σε αντάλλαγμα.

Ένα παράδειγμα για την απεικόνιση

Φανταστείτε ότι υπάρχει ένας άνθρωπος που ονομάζεται Fred που έχει πρόβλημα με το πόσιμο. Η σύζυγος του Φρεντ δεν είναι ευχαριστημένη μαζί του, οπότε ίσως θα προσευχηθεί κάτι σαν: «Ο Θεός να ευλογεί τον Φρεντ. Κάνε τον να εγκαταλείψει το ποτό και να με ακούσεις.» Αλλά θα ήταν πολύ πιο ισχυρό να πούμε κάτι σαν:

> *Φρεντ, σε ευλογώ στο όνομα του Ιησού. Είθε τα σχέδια του Θεού για τη ζωή σας να περάσουν. Είθε να γίνεις ο άνθρωπος, ο σύζυγος και ο πατέρας που ο Θεός να σου αρέσει να είσαι. Σας ευλογώ με την ελευθερία από τον εθισμό. Σας ευλογώ με την ειρήνη του Χριστού.*

Η πρώτη ευλογία μεταδίδει το πρόβλημα στον Θεό. Δεν χρειάζεται καμία προσπάθεια – είναι τεμπέλης. Είναι επίσης κρίσιμο και αυτοπεποίθηση και επικεντρώνεται στις αμαρτίες του Fred.

Η δεύτερη ευλογία απαιτεί περισσότερη σκέψη και περισσότερη αγάπη. Δεν είναι κρίσιμο και επικεντρώνεται στο δυναμικό του Fred και όχι στο σημερινό του κράτος. Πρόσφατα άκουσα κάποιον να λέει ότι ο Σατανάς γνωρίζει το όνομα και το δυναμικό μας, αλλά μας καλεί από την αμαρτία μας, ενώ ο Θεός γνωρίζει την αμαρτία μας, αλλά μας καλεί με το πραγματικό μας όνομα και δυνατότητες. Η δεύτερη ευλογία είναι περισσότερο σύμφωνη με τα σχέδια και τους σκοπούς του Θεού. Αντικατοπτρίζει την απολυτική καρδιά του Θεού. Θυμηθείτε, ο Θεός αγαπά τον Φρεντ.

ΔΙΑΦΟΡΕΤΙΚΕΣ ΚΑΤΑΣΤΑΣΕΙΣ ΠΟΥ ΜΠΟΡΕΙ ΝΑ ΑΝΤΙΜΕΤΩΠΙΣΟΥΜΕ

Είμαι μαθητής ευλογίας. Όταν ξεκίνησα, δεν ήξερα πώς να ευλογώ και δεν βρήκα πολλά για να με βοηθήσουν. Πολύ γρήγορα άρχισα να συνειδητοποιούν ότι υπάρχουν πολλά διαφορετικά είδη καταστάσεων, οπότε θέλω να σας προσφέρω τις προτάσεις που ακολουθούν. Μπορείτε να τα προσαρμόσετε στις ανάγκες της συγκεκριμένης κατάστασής σας και σύμφωνα με αυτό που πιστεύετε ότι το Άγιο Πνεύμα θέλει να πείτε. Αυτό θα πάρει πρακτική, αλλά αξίζει τον κόπο.

Ευλογία όσων σας ανατρέπουν ή σας καταρατούν
Πριν από πολλά χρόνια, ένας υπάλληλος που είχε παραιτηθεί πρόσφατα γύρισε στο σπίτι μου για έναν καφέ και να πει αντίο. Οι πεποιθήσεις της ήταν κατά μήκος της New Age lines – η «θεά μέσα», και τα παρό-

μοια. Κατά τη διάρκεια της συνομιλίας, είπε ότι οι δύο τελευταίες εταιρείες που εργάστηκαν και έφυγαν, είχαν στη συνέχεια έσπασε. Δεν ήμουν χριστιανός πολύς καιρός εκείνη τη στιγμή, αλλά ακόμα και έτσι αναγνώρισα ότι τα λόγια της ήταν μια κατάρα που κοιτάζοντας να αναζωπυρώσει. Ένιωσα μερικά δευτερόλεπτα φόβου και στη συνέχεια, στο μυαλό μου, αρνήθηκα να το δεχτώ. Αλλά δεν πήγα το επιπλέον βήμα της ευλογίας της. Αφού ζήτησα την άδειά της να προσευχηθεί τι ήταν στην καρδιά μου, θα μπορούσα να πω κάτι σαν:

Deborah (όχι το πραγματικό της όνομα), δεσμεύω την επιρροή της μαγείας στη ζωή σας. Σας ευλογώ στο όνομα του Ιησού. Δηλώνω την καλοσύνη του Θεού πάνω σου. Είθε οι προθέσεις του Θεού για τη ζωή σας να περάσουν ... Ευλογώ τα δώρα σας, μπορεί να ευλογούν τον μελλοντικό εργοδότη σας και να φέρουν δόξα στον Θεό. Είθε να γίνετε η υπέροχη γυναίκα του Θεού που σας προτίθεται να είστε. Στο όνομα του Ιησού, Αμήν.

Ευλογώντας εκείνους που σας πληγώνουν ή σας απορρίπτουν

Μόλις προσευχόμουν για μια γυναίκα που αγωνιζόταν συναισθηματικά και οικονομικά αφού η σύζυγός της την είχε αφήσει. Της ρώτησα αν μπορούσε να τον συγχωρήσει. Λοιπόν αυτό ήταν δύσκολο, αλλά, για την πίστη της, το έκανε. Τότε την ρώτησα αν μπορούσε να ευλογεί τον άντρα της. Ήταν λίγο σοκαρισμένος, αλλά πρόθυμος να το δώσει. Παρόλο που ο σύζυγός της δεν ήταν παρών, την οδήγησα σύμφωνα με τις γραμμές:

Σας ευλογώ τον άντρα μου. Είθε όλα τα σχέδια του Θεού για τη ζωή σας και ο γάμος μας να φτάσουν στην καρδιά. Είθε να γίνεις ο άνθρωπος, ο σύζυγος και ο Πατέρας που ο Θεός προτίθεται να είσαι. Είθε η χάρη και η χάρη του Θεού να είναι μαζί σας. Στο όνομα του Ιησού, Αμήν.

Ήταν αμήχανη για να ξεκινήσουμε, αλλά στη συνέχεια έπεσε την καρδιά του Πατέρα και το χρίσμα του Θεού έπεσε. Και οι δύο φώναξαν ως το Άγιο Πνεύμα που της υπηρέτησε και, πιστεύω, και στον σύζυγό της. Οι τρόποι του Θεού δεν είναι οι τρόποι μας.

Το να ευλογεί σε αυτούς τους τύπους καταστάσεων είναι τόσο θαρραλέα – μεγαλοπρεπή, ακόμη και – και ο Χριστός.

Ευλογώντας την αδυσώπηση είναι η καρδιά του Θεού – η ειδικότητά του, να το πω έτσι. Εξετάστε τον κλέφτη που σταυρώθηκε παράλληλα με τον Ιησού ή τη γυναίκα που αλιεύθηκε σε μοιχεία. Τι γίνεται με εσάς και εμένα;

Η ευλογία είναι «απεριόριστη» και αντίθετη-διαισθητική-δεν είναι κάτι που οι άνθρωποι σε βλαβερές καταστάσεις αισθάνονται φυσικά τείνουν να κάνουν. Αλλά είναι ο τρόπος του Θεού, και μπορεί να θεραπεύσει αυτό που κάνει την ευλογία καθώς και εκείνη που λαμβάνει την ευλογία. Κόβει την τοξική εκτόξευση της πικρίας, της εκδίκησης, της δυσαρέσκειας και του θυμού, που διαφορετικά θα μπορούσαν να βλάψουν το σώμα σας και να μειώσουν τη ζωή σας.

Εδώ είναι ένα email που έλαβα πρόσφατα από τον Denis:

Περίπου τρεις μήνες πριν μιλούσα στον αδερφό

μου στο τηλέφωνο. Δεν επικοινωνούμε πολύ καθώς ζει και εργάζεται σε άλλη πόλη.

Καθώς ήμασταν έτοιμοι να τελειώσουμε τη φιλική μας συνομιλία, τον ρώτησα αν θα μου επέτρεπε να ευλογώ την επιχείρηση που έτρεξε με τη σύζυγό του. Δεν απάντησε καλά. Ήταν πολύ αγενής και είπε μερικά πράγματα που με ενοχλούσαν πραγματικά και αναρωτήθηκα αν η σχέση μας ήταν μόνιμα κατεστραμμένη. Ωστόσο, στις ημέρες και τις εβδομάδες που ακολούθησαν, καθώς πήγα για την καθημερινή μου ζωή, χρησιμοποίησα τις αρχές της φοβερής δύναμης της ευλογίας να μιλήσω για την εύνοια του Θεού για την επιχείρηση του αδελφού μου. Μερικές φορές το έκανα δύο έως τρεις φορές την ημέρα. Στη συνέχεια, τρεις μήνες αργότερα, την ημέρα πριν από τα Χριστούγεννα, ο αδελφός μου με χτύπησε σαν να μην είχε συμβεί τίποτα. Ήμουν αρκετά έκπληκτος για την πολύ φιλική στάση του και δεν υπήρχε καθόλου δυσαρέσκεια μεταξύ μας.

Η φοβερή δύναμη της ευλογίας των περι-

στάσεων έξω από τον έλεγχό μας λειτουργεί πραγματικά ... επαινέσω τον Κύριο!

Ευλογία όσων σας προκάλεσαν

Ένα από τα πιο εξοργιστικά πράγματα για μερικούς από εμάς είναι όταν οι άνθρωποι κάνουν εγωιστικούς, ασυνείδητους ή εντελώς εξαπάτηση πράγματα στην κυκλοφορία. Συμβαίνει όλη την ώρα. Τα μη χριστιανικά λόγια μπορούν να ξεπεράσουν και να βγουν από το στόμα μας με φλας. Όταν συμβεί αυτό, καταραρίζουμε κάποιον που έγινε από τον Θεό και τον οποίο αγαπά ο Θεός. Ο Θεός μπορεί πολύ καλά να υπερασπιστεί αυτό το άτομο.

Την επόμενη φορά που θα συμβεί αυτό, δοκιμάστε να ευλογήσετε τον άλλο αυτοκινητιστή, αντί να μιλήσετε θυμωμένα λόγια:

> *Ευλογώ αυτόν τον νεαρό που με κόβει (εξαπατούσε την ουρά). Δηλώνω την αγάπη σου πάνω του, Κύριε. Απελευθερώσω την καλοσύνη σας πάνω του και όλες τις προθέσεις σας για τη ζωή του. Ευλογώ αυτόν τον νεαρό και καλώ τις δυνα-*

τότητές του. Είθε να πάρει με ασφάλεια στο σπίτι και να είναι μια ευλογία στην οικογένειά του. Στο όνομα του Ιησού, Αμήν.

Ή λιγότερο τυπικά:

Πατέρα, ευλογώ τον οδηγό αυτού του αυτοκινήτου, στο όνομα του Ιησού. Είθε η αγάπη σας να τον ακολουθήσει και να τον ξεπεράσει και να τον συλλάβει!

Ένας από τους αναγνώστες μου έκανε μια ενδιαφέρουσα παρατήρηση:

Το πράγμα που έχω παρατηρήσει είναι ότι η ευλογία με άλλαξε. Δεν μπορώ να ευλογήσω ανθρώπους που με ενοχλούσαν, για παράδειγμα, και στη συνέχεια να μιλήσω – ή ακόμα και να σκεφτώ – λανθασμένες σκέψεις γι 'αυτούς. Αυτό θα ήταν λάθος. Αντ 'αυτού ψάχνω καλά αποτελέσματα για να προέρχονται από την ευλογία…
– Jillian

Κάποτε είχα έναν φίλο που ονομάστηκε John που με

κάλεσε να προσευχηθώ πάνω από μια οικογενειακή διαμάχη σχετικά με μια κληρονομιά. Η διαμάχη σέρνεται και έγινε όλο και πιο δυσάρεστη. Πρότεινα ότι αντί να προσευχόμαστε, ευλογούμε την κατάσταση.

Ευλογούμε αυτή την κατάσταση διαμάχης για αυτή την κληρονομιά στο όνομα του Ιησού. Έρχονται εναντίον της διαίρεσης, της διαμάχης και της διαμάχης και χάσουμε τη δικαιοσύνη και τη δικαιοσύνη και τη συμφιλίωση. Καθώς ευλογούμε αυτή την κατάσταση, βάζουμε στην άκρη τις δικές μας σκέψεις και επιθυμίες και απελευθερώνουμε τον Θεό για να ενεργοποιήσουμε τους σκοπούς Του για τη διαίρεση της κληρονομιάς. Στο όνομα του Ιησού, Αμήν.

Μέσα σε λίγες μέρες το θέμα επιλύθηκε φιλικά.

Λατρεύω αυτό που ένας άλλος από τους αναγνώστες μου είχε να πει:

Έχω πάρει έκπληξη από τον γρήγορο «χρόνο απόκρισης» που έχω δει στην ευλογία των άλλων. Είναι σαν ο Κύριος να είναι έτοιμος να βρεθεί ερωτευμένος προς τους ανθρώπους, αν θα απελευθερώσουμε τις προσευχές της ευλογίας τους. – Pastor Darin Olson, Junction City, Oregon Nazarene Church

Η ευλογία μπορεί πραγματικά να αλλάξει τον κόσμο μας.

ΕΥΛΟΓΙΑ, ΑΝΤΙ ΝΑ ΚΑΤΑΡΑΖΟΜΑΣΤΕ, ΟΙ ΙΔΙΟΙ

Αναγνωρίζοντας και σπάσιμο κατάρα
Πόσο συνηθισμένες είναι αυτές οι σκέψεις: «Είμαι άσχημος, είμαι χαζός, είμαι αδέξιος, είμαι αργός, δεν μου αρέσει, ο Θεός δεν θα μπορούσε ποτέ να με χρησιμοποιήσει, είμαι αμαρτωλός…»; Υπάρχουν τόσα πολλά ψέματα που ο Σατανάς μας αναγκάζει να πιστέψουμε.

Έχω έναν φίλο που το κάνει αυτό όλη την ώρα, και με λυπάται. «Ω, ανόητο κορίτσι, τριαντάφυλλο (όχι το πραγματικό της όνομα). Έχετε ξανακάνει. Δεν μπορείτε να κάνετε τίποτα σωστό…»

Μην επαναλαμβάνετε ή αποδεχτείτε αυτές τις κατάρες! Αντ 'αυτού, ευλογήστε τον εαυτό σας.

Θυμάμαι μια συγκεκριμένη κατάσταση της ομάδας προσευχής. Διακρίνω ένα πνεύμα άχρηστου πάνω

Ευλογία, αντί να καταραζόμαστε, οι ίδιοι | 57

από μια κυρία που είχε έρθει να προσευχηθεί. Κατά τη διάρκεια της προσευχής, είπε, «είμαι χαζός». Την ρώτησα πού το είχε ακούσει. Μου είπε ότι οι γονείς της το είπαν πάνω της. Πόσο λυπηρό ... και πόσο συνηθισμένο.

Την καθοδήγησα σε αυτές τις γραμμές:

Στο όνομα του Ιησού, συγχωρώ τους γονείς μου. Συγχωρώ τον εαυτό μου. Σπάζω τις λέξεις που μου μίλησαν οι γονείς μου και εγώ. Έχω το μυαλό του Χριστού. Ειμαι εξυπνος.

Απορρίψαμε συνοπτικά τα πνεύματα της απόρριψης και της άχρηστης, και στη συνέχεια την ευλόγησα και την δήλωσα πάνω της ότι ήταν η πριγκίπισσα του Θεού, ότι ήταν πολύτιμη γι 'αυτόν, ότι ο Θεός θα την χρησιμοποιούσε για να ευλογήσει τους άλλους, να φέρει συναισθηματική θεραπεία και ελπίδα να οι υπολοιποι. Την ευλόγησα με τόλμη.

Αργά απορρόφησε αυτή την ευλογία. Άρχισε να λάμπει. Την επόμενη εβδομάδα μίλησε για το πόσο καλή είχε κάνει. Μπορούμε πραγματικά να αλλάξουμε τον κόσμο μας.

Ο καθένας μπορεί να το κάνει αυτό. Η Βίβλος είναι γεμάτη από προθέσεις του Θεού για τους ανθρώπους και μπορούμε να δηλώσουμε αυτές τις προθέσεις πάνω τους.

Θα ήθελα να μοιραστώ ένα άλλο παράδειγμα. Προσευχήθηκα για μια κυρία πρόσφατα που είχε πόνο στο στομάχι. Καθώς προσευχόμουν, το Άγιο Πνεύμα έπεσε πάνω της και διπλασιάστηκε καθώς οι δαίμονες την άφησαν. Όλα ήταν καλά για λίγες μέρες και έπειτα ο πόνος επέστρεψε. «Γιατί, Κύριε;» ρώτησε. Ένιωσε ότι το Άγιο Πνεύμα της υπενθυμίζει ότι κάποια στιγμή νωρίτερα, ενώ βρισκόταν σε στρατόπεδο, κάποιος της είχε πει για να σιγουρευτεί ότι έψαχνε σωστά το κοτόπουλο ή οι άνθρωποι θα αρρωσταίνουν. Απάντησε ότι δεν ήθελε να είναι άρρωστος τις επόμενες ημέρες (η διάρκεια της διάσκεψης), αλλά μετά από αυτό δεν θα είχε σημασία. Έπρεπε να σπάσει τη δύναμη αυτών των απρόσεκτων λέξεων, και στη συνέχεια ανέβηκε αμέσως στη θεραπεία της.

Ευλογώντας το στόμα κάποιου

Ευλογώ το στόμα μου για να εκφράσω αυτό που είναι πολύτιμο και όχι αυτό που είναι άχρηστο και να είμαι το στόμα του Κυρίου. (Με βάση τον Ιερεμίας 15:19)

Πολλά από τα θαύματα του Ιησού ολοκληρώθηκαν μόνο μιλώντας. Για παράδειγμα, «πηγαίνετε στο δρόμο σας. Ο γιος σας ζει» (Ιωάννης 4:50). Το θέλω αυτό. Αυτός είναι ο λόγος για τον οποίο ευλογώ το στόμα μου και φρουρά αυτό που βγαίνει από αυτό.

Η γυναίκα μου και εγώ κάναμε κάποτε σε ένα ξενοδοχείο στο Noumea. Θα μπορούσαμε να ακούσουμε ένα μωρό να κλαίει σχεδόν αδιάκοπα όλη τη νύχτα. Μετά από μερικές νύχτες από αυτό, η γυναίκα μου βγήκε στο παρακείμενο κατάστρωμα και ζήτησε από τη μητέρα τι ήταν λάθος. Η γυναίκα δεν ήξερε, αλλά είπε ότι ο γιατρός είχε το μωρό στην τρίτη παρτίδα αντιβιοτικών και τίποτα δεν λειτούργησε. Η γυναίκα μου την ρώτησε αν θα μπορούσα να προσευχηθώ για το μωρό και συμφώνησε, αν και με σιγουριά. Έτσι, στο μέσον μου γαλλικά, προσευχόμουν για το μωρό και μίλησα με πίστη πάνω στο παιδί, ότι θα «κοιμόταν σαν μωρό». Και το έκανε.

Ευλογώντας το μυαλό κάποιου
Λέω συχνά,

> *Ευλογώ το μυαλό μου. Έχω το μυαλό του Χριστού. Ως εκ τούτου, νομίζω ότι οι σκέψεις του. Είθε το μυαλό μου να είναι ένα ιερό μέρος όπου το Άγιο Πνεύμα είναι στην ευχάριστη θέση να κατοικήσει. Μπορεί να λαμβάνει λόγια γνώσης και σοφίας και αποκάλυψης.*

Από καιρό σε καιρό, αγωνίζομαι με την καθαρότητα των σκέψεων μου και βρίσκω ότι αυτό βοηθά. Ευλογώ επίσης τη φαντασία μου, ότι μπορεί να χρησιμοποιηθεί για καλό και όχι για το κακό. Είχα κάποια δυσκολία με τη φαντασία μου την άλλη μέρα – περιπλανιόταν σε όλα τα είδη των τόπων που δεν ήθελα να πάει – και ο Θεός με εντυπωσίασε: «Δείτε στη φαντασία σας ο Ιησούς να κάνει τα θαύματα του... τότε δείτε τον εαυτό σας να τα κάνει.» Έχω βρει πολύ πιο αποτελεσματικό να σκεφτώ κάτι καλό (Φιλιππησίους 4:8) αντί να σκεφτόμαστε να μην σκεφτόμαστε κάτι! Και η ευλογία του δικού σας μυαλού και φαντασίας βοηθά σημαντικά στην επίτευξη του στόχου της αγιότητας.

Μόλις ένιωθα κάτω για μια αποτυχία στη ζωή μου, τα λόγια ενός παλιού ύμνου φουσκώθηκαν στην καρδιά μου:

Να είσαι το όραμά μου, Κύριε της καρδιάς μου
Δεν είναι όλα τα άλλα για μένα σώζοντας ότι είσαι
Εσύ η καλύτερη σκέψη μου κατά τη μέρα ή τη νύχτα
Ξυπνάω ή κοιμάται, η παρουσία σου το φως μου.

Ευλογώντας το σώμα μας

Είστε εξοικειωμένοι με το στίχο: «Μια χαρούμενη καρδιά κάνει καλή, όπως ένα φάρμακο» (Παροιμίες 17:22); Η Βίβλος λέει ότι τα σώματά μας ανταποκρίνονται σε θετικά λόγια και σκέψεις:

Ευλογώ το σώμα μου. Σήμερα σπάζω τον εαυτό μου. Ευλογώ τη σωματική ευεξία μου.

Παρακολούθησα κάποτε ένα βίντεο για έναν άνθρωπο που είχε ένα σοβαρό πρόβλημα καρδιάς. Η παράκαμψη του είχε μπλοκαριστεί. Ευλογούσε τις αρτηρίες του για περίπου τρεις μήνες, δηλώνοντάς τους να είναι φοβερά και υπέροχα φτιαγμένα. Κατά την επιστροφή στο γιατρό, ανακαλύφθηκε ότι είχε με θαυμασμό μια νέα παράκαμψη!

Νόμιζα ότι θα το δοκιμάσω για το δέρμα μου. Είχα πρόβλημα με τη ζημιά από τον ήλιο από τη νεολαία μου. Τώρα στα γηρατειά μου, μικρές αναπτύξεις θα έρχονταν στους ώμους μου και πίσω, που πρέπει να παγώσουν κάθε λίγους μήνες. Αποφάσισα να ευλογήσω το δέρμα μου. Αρχικά το ευλόγησα μόνο στο όνομα του Ιησού. Αλλά τότε διάβασα κάτι για τη φύση του δέρματος που άλλαξε την προοπτική μου. Συνειδητοποίησα ότι, αν και ήμουν καλυμμένος με αυτό, δεν ήξερα πολλά για το μεγαλύτερο όργανο στο σώμα μου. Είχα μιλήσει γι 'αυτό, αλλά δεν είχα μιλήσει ποτέ με αυτό. Και αμφιβάλλω ότι είχα πει κάτι ωραίο γι 'αυτό – αντί να παραπονέθηκα. Ήμουν αχάριστος.

Αλλά το δέρμα είναι εκπληκτικό. Πρόκειται για ένα σύστημα κλιματισμού και αποχέτευσης. Φωτάει το σώμα από την εισβολή των μικροβίων και θεραπεύεται. Καλύπτει και προστατεύει όλα τα εσωτερικά μας μέρη και κάνει τόσο όμορφα.

Ευχαριστώ τον Θεό για το δέρμα – ρυτίδες και όλα. Σε ευλογώ, δέρμα.

Μετά από αρκετούς μήνες αυτού του είδους ευλογίας, το δέρμα μου είναι τώρα σχεδόν θεραπευμένο, αλλά το κλειδί ήταν όταν άρχισα να εκτιμώ και να είμαι ευγνώμων γι 'αυτό. Είναι φοβερά και θαυμάσια. Ένα πραγματικό μάθημα πράγματι. Παραπονιέται απογοητεύει τη βασιλεία του Θεού. Η ευγνωμοσύνη το προσελκύει.

Εδώ είναι μια μαρτυρία από τον φίλο μου, David Goodman:

Πριν από μερικούς μήνες άκουσα τον Richard να κηρύττει για το θέμα της ευλογίας – ένα κάπως αβλαβές θέμα, αλλά αυτό που αντέδρασε λόγω της γωνίας από την οποία ήρθε. Το συμπέρασμα ήταν ότι η ευλογία δεν χρειάζεται να είναι κάτι που ζητάμε από τον Θεό, αλλά ότι εμείς ως Χριστιανοί έχουμε την εξουσία, αν όχι την ευθύνη, να βγούμε σε αυτόν τον πεσμένο κόσμο και, ως πρεσβευτές του Χριστού, να επηρεάζουν τις ζωές άλλων ατόμων για Η Βασιλεία του Θεού. Μπορούμε να βγούμε έξω και να τους ευλογούμε στη ζωή τους και να τους αποκαλύψουμε τον Χριστό ταυτόχρονα.

Η ιδέα είναι μια χαρά όταν κάποιος εξετάζει τους άλλους, αλλά αυτή η ιδέα χτύπησε έναν τοίχο από τούβλα για μένα όταν έπρεπε να εξετάσω τον εαυτό μου. Δεν μπορούσα να απομακρύνω την ιδέα ότι δεν ήμουν άξιος, ότι ήμουν εγωιστής, ότι θεωρούσα τον Θεό ως δεδομένο. Οι ιδέες μου άλλαξαν όταν είδα ότι εμείς, ως Χριστιανοί, είμαστε μια νέα δημιουργία, γεννήθηκε και δημιουργήσαμε για ένα σκοπό που ο Θεός μας έχει προγραμματίσει. Αυτό είναι έτσι, το σώμα που έχουμε τώρα είναι αυτό που πρέπει να θησαυρός και να φροντίσουμε – είμαστε τώρα, τελικά, ένας ναός για την κατοικία του Αγίου Πνεύματος.

Τούτου λεχθέντος, ξεκίνησα ένα σύντομο πείραμα – κάθε μέρα θα ξυπνούσα, θα ευλογώ ένα μέρος του σώματός μου, ευχαριστώ για την απόδοσή του. Δοξάστε το για μια καλή δουλειά. Θα ήθελα να επαινέσω τα δάχτυλά μου για την επιδεξιότητά τους, για τις δεξιότητες που έχουν να κάνουν όλα τα καθήκοντα που απαιτούνται από αυτά και πολλά άλλα. Θα επαινούσα και θα ευχαριστήσω τα πόδια μου για την ακούραστη δουλειά της μεταφοράς και της ταχύτητας, για την ικανότητά τους να εργάζονται από κοινού. Εξαίρεσα το σώμα μου για όλα τα μέρη που δουλεύουν καλά μαζί. Ένα περίεργο πράγμα βγήκε από αυτό.

Επειδή ένιωθα πολύ καλύτερα σωματικά και διανοητικά, γύρισα τις σκέψεις μου σε έναν πόνο που είχα για μερικούς μήνες στο κατώτερο χέρι μου – ένας πόνος που φαινόταν να είναι στο οστό και που έπρεπε να τρίβεται τακτικά σε τουλάχιστον μερικώς ανακουφίστε τη σταθερή παλλίδα. Επικεντρώθηκα σε αυτόν τον τομέα, επαινώντας το σώμα μου για τις θεραπευτικές του ικανότητες, για την επιμονή του να ξεπεράσει εκείνα τα πράγματα που ρίχνονται εναντίον του, για την υποστήριξη που θα μπορούσαν να *δώσουν άλλα μέρη ενώ θα μπορούσαν να γίνουν επισκευές σε άλλο. Ήταν μόνο περίπου τρεις εβδομάδες αργότερα που ξύπνησα ένα πρωί και συνειδητοποίησα ότι δεν ένιωσα πλέον πόνο στο χέρι μου. Ότι ο πόνος είχε εξαφανιστεί εντελώς και δεν επέστρεψε.*

Συνειδητοποίησα ότι ενώ υπάρχει σίγουρα ένας χρόνος και τόπος για το δώρο της θεραπείας που πρέπει να ασκηθεί μέσω της πίστης προς όφελος των άλλων, υπάρχει και μια άλλη λεωφόρο ανοιχτή για εμάς ως άτομα να εμπλέκουν το δώρο της επούλωσης στον εαυτό μας. Πρόκειται για ένα μάθημα για την ταπεινοφροσύνη, μπορούμε να εμπιστευόμαστε αυτό που ο Θεός έχει δώσει στα νέα μας σώματα, ότι μπορούμε να προχωρήσουμε με εμπιστοσύνη σε έναν νέο και ζωντανό τρόπο ζωής.

Έχω λάβει πολλές μαρτυρίες φυσικής επούλωσης σε απάντηση στην ευλογία. Μπορείτε να τα διαβάσετε στη διεύθυνση www.richardbruntonministries.org/testimonies.

Ευλογία του σπιτιού, του γάμου και των παιδιών σας

Το σπίτι σας – τυπική ευλογία στο σπίτι

Είναι καλή ιδέα να ευλογήσετε το σπίτι σας και να ανανεώσετε αυτή την ευλογία τουλάχιστον μία φορά το χρόνο. Η ευλογία του τόπου όπου ζείτε, απλώς περιλαμβάνει τη χρήση της πνευματικής σας εξουσίας στον Χριστό Ιησού για να αφιερώσετε και να αφιερώσετε αυτό το μέρος στον Κύριο. Καλεί το Άγιο Πνεύμα να έρθει και να αναγκάζει όλα τα άλλα που δεν είναι του Θεού να φύγει.

Ένα σπίτι δεν είναι μόνο τούβλα και κονίαμα – έχει και προσωπικότητα. Ακριβώς όπως έχετε νόμιμη πρόσβαση στο σπίτι σας τώρα, κάποιος άλλος είχε νομική πρόσβαση σε αυτό ή την ιδιοκτησία σας, ενώπιον σας. Τα πράγματα μπορεί να συνέβησαν σε αυτό το μέρος που έφερε είτε ευλογίες είτε κατάρες. Ανεξάρτητα από το τι συνέβη, είναι η εξουσία σας που καθορίζει ποια θα είναι η πνευματική ατμόσφαιρα από τώρα και στο εξής. Εάν υπάρχει η δαιμονική δραστηριότητα που εξακολουθεί να συμβαίνει από την προηγούμενη ιδιοκτησία, πιθανότατα θα το αισθανθείτε – και εναπόκειται σε εσάς να οδηγήσετε αυτές τις δυνάμεις.

Φυσικά, πρέπει να εξετάσετε ποιες δαιμονικές δυνάμεις μπορεί να έχετε άθελά πρόσβαση στο σπίτι σας. Έχετε ασεβείς πίνακες ζωγραφικής, αντικείμενα, βιβλία, μουσική ή DVD; Σε ποια τηλεοπτικά προγράμματα επιτρέπετε; Υπάρχει αμαρτία στο σπίτι σας;

Εδώ είναι μια απλή ευλογία που θα μπορούσατε να φτιάξετε καθώς περπατάτε μέσα από το δωμάτιο του σπιτιού σας ανά δωμάτιο:

Ευλογώ αυτό το σπίτι, το σπίτι μας. Δηλώνω ότι αυτό το σπίτι ανήκει στον Θεό, το αφιέρωσα στον Θεό και το τοποθετώ κάτω από την κυριαρχία του Ιησού Χριστού. Είναι ένα σπίτι ευλογίας.

Σπάζω κάθε κατάρα σε αυτό το σπίτι με το αίμα του Ιησού. Παίρνω εξουσία πάνω από κάθε δαίμονα στο όνομα του Ιησού και τους διατάζω να φύγουν τώρα και να μην επιστρέψουν ποτέ. Έβαλα κάθε πνεύμα σύγκρουσης, διαίρεσης και διαφωνίας. Έβαλα το πνεύμα της φτώχειας.

Ελάτε Άγιο Πνεύμα και εκδιώξτε όλα όσα δεν είναι από σας. Γεμίστε αυτό το σπίτι με την παρουσία σας. Αφήστε τα φρούτα σας να έρθουν: αγάπη, χαρά, ειρήνη, καλοσύνη, υπομονή, καλοσύνη, ευγένεια, πιστότητα και αυτοέλεγχο. Ευλογώ αυτό το σπίτι με υπερχείλιση ειρήνης και άφθονη αγάπη. Είθε όλοι όσοι έρχονται εδώ αισθανθούν την παρουσία σας και να είναι ευλογημένοι. Στο όνομα του Ιησού, Αμήν.

Έχω περπατήσει γύρω από τα όρια της περιουσίας μου, ευλογώντας και πνευματικά εφαρμόζοντας το αίμα του Ιησού Χριστού για την προστασία της ιδιοκτησίας και τους ανθρώπους μέσα σε αυτό, από κάθε κακό και από φυσικές καταστροφές.

Ο γάμος σας

Έχουμε το είδος του γάμου που ευλογούμε ή έχουμε το είδος του γάμου που καταρατήσουμε.

Όταν διάβασα για πρώτη φορά αυτή τη δήλωση στη δύναμη της ευλογίας από τον Kerry Kirkwood, ήμουν λίγο σοκαρισμένος. Είναι αλήθεια;

Έχω δώσει πολλή σκέψη και πιστεύω ότι αυτά τα λόγια είναι σε μεγάλο βαθμό αληθινά – οποιαδήποτε δυστυχία με το γάμο μας ή τα παιδιά μας οφείλεται να μην τους ευλογούμε! Με την ευλογία, λαμβάνουμε την προοριζόμενη καλοσύνη του Θεού προς εμάς σε πλήρη μέτρο – συμπεριλαμβανομένης της μακράς ζωής και των υγιεινών σχέσεων. Γίνουμε συμμετέχοντες ή συνεργάτες, με αυτό και ποιοι ευλογούμε.

Προσέξτε για κατάρα. Οι σύζυγοι και οι σύζυγοι γνωρίζουν ο ένας τον άλλον τόσο καλά. Γνωρίζουμε όλα τα καυτά κουμπιά. Λέτε κάτι τέτοιο; Είναι αυτά τα πράγματα που σας είπαν ποτέ; «Ποτέ δεν ακούτε», «η μνήμη σας είναι τρομερή». «Δεν μπορείτε να μαγειρέψετε», «Είσαι απελπισμένοι…» Αν λέγατε αρκετά συχνά, αυτά τα είδη λέξεων γίνονται κατάρα και γίνονται αληθινά.

Μην καταρρίψετε, ευλογήστε. Θυμηθείτε, αν καταρατείτε (μιλήστε λέξεις θανάτου) δεν θα κληρονομήσετε την ευλογία που ο Θεός θέλει για σας. Χειρότερα από αυτό, η κατάρα μας επηρεάζει περισσότερο από αυτό που μπορεί να καταραστεί. Θα μπορούσε αυτός να είναι ένας λόγος για τον οποίο οι προσευχές δεν απαντηθούν;

Η εκμάθηση να ευλογεί μπορεί να είναι σαν να μαθαίνεις μια νέα γλώσσα – αμήχανη στην αρχή. Για παράδειγμα,

Nicole, σε ευλογώ στο όνομα του Πατέρα, του Υιού και του Αγίου Πνεύματος. Απελευθερώσω όλη σας την καλοσύνη του Θεού. Είθε οι προθέσεις του Θεού για τη ζωή σας να επιτευχθούν.

Ευλογώ το δώρο σας για τη συνάντηση και την αγάπη των ανθρώπων, το δώρο σας για ζεστή φιλοξενία. Ευλογώ το δώρο σας να κάνει τους ανθρώπους να αισθάνονται άνετα. Δηλώνω ότι είστε η οικοδέσποινα του Θεού, ότι λαμβάνετε ανθρώπους όπως θα ήθελε. Σας ευλογώ με ενέργεια για να συνεχίσετε να το κάνετε αυτό ακόμη και στα τελευταία σας χρόνια. Σας ευλογώ με την υγεία και τη μεγάλη ζωή. Σας ευλογώ με το λάδι της χαράς.

Τα παιδιά σου
Υπάρχουν πολλοί τρόποι για να ευλογήσετε ένα παιδί. Εδώ είναι πώς ευλογώ την εγγονή μου, η οποία είναι τέσσερα χρονών:

Ashley, ευλογώ τη ζωή σου. Είθε να γίνετε μια υπέροχη γυναίκα του Θεού. Ευλογώ το μυαλό σας να παραμείνει υγιές και για να έχετε σοφία και διάκριση σε όλες τις αποφάσεις. Ευλογώ το σώμα σας να παραμείνει καθαρό μέχρι το γάμο και να είναι υγιής και δυνατός. Ευλογώ τα χέρια και τα πόδια σας για να κάνετε το έργο που ο Θεός έχει προγραμματίσει να κάνετε. Ευλογώ το στόμα σας. Είθε να μιλάει λόγια αλήθειας και ενθάρρυνσης. Ευλογώ την καρδιά σας να είναι αληθινή στον Κύριο. Ευλογώ το σύζυγό σας και τη μελλοντική σας ζωή με τον πλούτο και την ενότητα. Λατρεύω τα πάντα για σένα, Ashley, και είμαι περήφανος που είμαι ο παπάς σου.

Φυσικά, όπου ένα παιδί αγωνίζεται σε κάποια περιοχή μπορούμε να τους ευλογήσουμε κατάλληλα. Εάν δυσκολεύονται να μάθουν στο σχολείο, μπορούμε να ευλογήσουμε το μυαλό τους για να θυμόμαστε τα μαθήματα και να κατανοήσουμε τις έννοιες πίσω από τη διδασκαλία. Εάν εκφοβιστούν, μπορούμε να τους ευλογήσουμε να μεγαλώσουν με σοφία και ανάστημα και υπέρ του Θεού και άλλων παιδιών. και ούτω καθεξής.

Θυμάμαι να μιλάω με μια υπέροχη γυναίκα του Θεού για τον εγγονό της. Όλα όσα είπε γι 'αυτόν επικεντρώθηκαν στα ελαττώματά του, στην επαναστατική του στάση και στα προβλήματα συμπεριφοράς που είχε στο σχολείο. Είχε σταλεί σε ένα στρατόπεδο για να τον βοηθήσει να τον πάρει στην ευθεία και στενή και είχε σταλεί ξανά στο σπίτι επειδή ήταν τόσο ενοχλητικός.

Αφού άκουσα για λίγο, πρότεινα στη γυναίκα ότι ήταν ακούσια κατάρα του εγγονό της με τον τρόπο που μιλούσε γι 'αυτόν και ότι τον φυλακίστηκε με τα λόγια της. Έτσι σταμάτησε να μιλάει αρνητικά και αντ 'αυτού τον ευλόγησε σκόπιμα. Ο σύζυγός της, ο παππούς του αγοριού, έκανε το ίδιο. Μέσα σε λίγες μέρες, το αγόρι είχε αλλάξει τελείως, επιστρέφοντας στο στρατόπεδο και άνθιση. Μιλήστε για μια γρήγορη απάντηση στην εκπληκτική δύναμη της ευλογίας!

Ένα από τα πιο υπέροχα πράγματα που ένας πατέρας μπορεί να δώσει στα παιδιά του είναι η ευλογία του πατέρα. Έμαθα γι 'αυτό από την ευλογία του πατέρα από τον Frank Hammond, το οποίο είναι ένα θαυμάσιο βιβλίο. Χωρίς την ευλογία ενός πατέρα υπάρχει πάντα μια αίσθηση κάτι που λείπει – δημιουργείται ένα κενό που δεν μπορεί να γεμίσει τίποτα άλλο. Οι πατέρες, βάζουν τα χέρια στα παιδιά σας και άλλα μέλη της οικογένειας (π.χ. τοποθετήστε το χέρι σας στο κεφάλι ή τους ώμους τους) και τους ευλογεί συχνά. Ανακαλύψτε τα καλά πράγματα που θα κάνει ο Θεός τόσο για εσάς όσο και για αυτά.

Όπου κι αν μοιράζομαι αυτό το μήνυμα, ζητώ από ενήλικες άνδρες και γυναίκες, «Πόσοι άνθρωποι εδώ είχαν ποτέ ο πατέρας τους να τα χέρια και να τους ευλογούν;» Πολύ λίγοι άνθρωποι σηκώνουν τα χέρια τους. Τότε γυρίζω το ερώτημα γύρω: «Πόσοι άνθρωποι εδώ δεν είχαν ποτέ τα χέρια τους και τους ευλογούν;» Σχεδόν όλοι σηκώνουν το χέρι τους.

Τότε ρωτάω αν θα μου επέτρεπαν να είμαι πνευματικός πατέρας σε εκείνη τη στιγμή – ένα υποκατάστατο – έτσι ώστε να μπορώ, στη δύναμη του Αγίου Πνεύματος, να τους ευλογεί με την ευλογία που δεν είχαν ποτέ. Η απάντηση ήταν συντριπτική: δάκρυα, απελευθέρωση, χαρά, επούλωση. Απλά φανταστικό!

Εάν λαχταράτε για την ευλογία ενός πατέρα, όπως έκανα, τότε λέτε τα ακόλουθα δυνατά πάνω από τον εαυτό σας. Είναι μια ευλογία που έχω προσαρμοστεί από το βιβλίο του Frank Hammond.

Ευλογία ενός πατέρα

Σ 'αγαπώ το παιδί μου. Είσαι μοναδικός. Είστε δώρο από τον Θεό σε μένα. Ευχαριστώ τον Θεό που μου επέτρεψε να είμαι πατέρας σε σένα. Σε αγαπώ και είμαι περήφανος για σένα.

Σας ζητώ να με συγχωρήσετε για τα πράγματα που έχω πει και έκανα που σας έχουν πληγώσει. Και για τα πράγματα που δεν έκανα και για τις λέξεις που δεν είπα ποτέ ότι ήθελες να ακούσετε.

Σπάζω και κόβω κάθε κατάρα που σας ακολούθησε ως αποτέλεσμα των αμαρτιών μου, των αμαρτιών της μητέρας σας και των αμαρτιών των προγόνων σας. Δοξάζω τον Θεό ότι ο Ιησούς έγινε κατάρα στο σταυρό που θα μπορούσαμε να βγούμε από κάθε κατάρα και να εισέλθουν στην ευλογία.

Σας ευλογώ με τη θεραπεία όλων των πληγών της καρδιάς – πληγές της απόρριψης, της παραμέλησης και της κακοποίησης που έχετε υποστεί. Στο όνομα του Ιησού, σπάζω τη δύναμη όλων των σκληρών και άδικων λέξεων που σας μιλούν.

Σας ευλογώ με την υπερχείλιση της ειρήνης, την ειρήνη που μπορεί να δώσει μόνο ο Πρίγκιπας της Ειρήνης.

Ευλογώ τη ζωή σας με καρποφορία: καλό φρούτο, άφθονα φρούτα και φρούτα που παραμένουν.

Σας ευλογώ με επιτυχία. Είστε το κεφάλι και όχι η ουρά. Είστε πάνω και όχι κάτω.

Ευλογώ τα δώρα που σας έδωσε ο Θεός. Σας ευλογώ με τη σοφία για να κάνετε καλές αποφάσεις και να αναπτύξετε τις δυνατότητές σας στον Χριστό.

Σας ευλογώ με την υπερχείλιση της ευημερίας, επιτρέποντάς σας να είστε μια ευλογία για τους άλλους.

Σας ευλογώ με πνευματική επιρροή, γιατί είστε το φως του κόσμου και το αλάτι της γης.

Σας ευλογώ με το βάθος της πνευματικής κατανόησης και μια στενή βόλτα με τον Κύριό σας. Δεν θα σκοντάψετε ή θα παραπαίετε, γιατί ο Λόγος του Θεού θα είναι ένας λαμπτήρας στα πόδια σας και ένα φως στο μονοπάτι σας.

Σας ευλογώ να βλέπω τις γυναίκες/άνδρες όπως έκανε και κάνει ο Ιησούς.

Σας ευλογώ να δείτε, να τραβήξετε και να γιορτάσετε το χρυσό στους ανθρώπους, όχι στη βρωμιά.

Σας ευλογώ να απελευθερώσετε τον Θεό στο χώρο εργασίας – όχι μόνο να καταθέσετε ή να μοντελοποιήσετε καλό χαρακτήρα, αλλά και να δοξάσετε τον Θεό με την αριστεία και τη δημιουργικότητα της δουλειάς σας.

Σας ευλογώ με καλούς φίλους. Έχετε χάρη στον Θεό και τον άνθρωπο.

Σας ευλογώ με άφθονη και ξεχειλίζει αγάπη, από την οποία θα υπηρετήσετε τη χάρη του Θεού σε άλλους. Θα εξυπηρετήσετε την παρήγορη χάρη του Θεού σε άλλους. Είσαι ευλογημένος, το παιδί μου! Είστε ευλογημένοι με όλες τις πνευματικές ευλογίες στον Χριστό Ιησού. Αμήν!

Μαρτυρίες της αξίας της ευλογίας ενός πατέρα

Με άλλαξε από την ευλογία του πατέρα. Από τότε που γεννήθηκα δεν είχα ακούσει ποτέ ένα τέτοιο μήνυμα. Ποτέ δεν είχα έναν βιολογικό πατέρα να μιλήσω στη ζωή μου μέχρι που είμαι τώρα. Ο Θεός σε χρησιμοποίησε, Ρίτσαρντ, για να με φέρει σε ένα σημείο όπου έπρεπε να προσευχηθώ και να έχω έναν πνευματικό πατέρα να δηλώσει τις ευλογίες ενός πατέρα στη ζωή μου. Όταν απελευθερώσατε μια ευλογία πατέρα σε γιο, η καρδιά μου ήταν παρηγορημένη και τώρα είμαι χαρούμενος και ευλογημένος. – Pastor Wycliffe Alumasa, Κένυα

Ήταν ένα μακρύ και δύσκολο ταξίδι με την πλοήγηση στο δρόμο μου μέσα από την κατά-

θλιψη. Μια μάχη πολέμησε σε πολλά μέτωπα – το μυαλό, το πνεύμα, το σώμα. Η θεραπεία του παρελθόντος μου κατέληξε να είναι το κλειδί και τίποτα δεν ήταν ένα πιο σημαντικό βήμα προς τα εμπρός από το να συγχωρέσω τον πατέρα μου – όχι μόνο για τα ενοχλητικά πράγματα που είχε κάνει στο παρελθόν, αλλά περισσότερο για τα πράγματα που δεν είχε κάνει – τις παραλείψεις του. Ο πατέρας μου δεν μου είπε ποτέ ότι με αγάπησε. Είχε ένα συναισθηματικό μπλοκ. Δεν μπορούσε να βρει αγάπη, φροντίδα, συναισθηματικά λόγια για να πει – παρά μια λαχτάρα στην ψυχή μου για να τους ακούσει.

Ενώ μέσω της συγχώρεσης και του εσωτερικού θεραπευτικού ταξιδιού μου ανυψώθηκε η κατάθλιψή μου, έφερα ακόμα κάποια φυσικά συμπτώματα – το μεγαλύτερο σύνδρομο ευερέθιστου εντέρου. Είχα συνταγογραφηθεί ναρκωτικά και δίαιτα από το γιατρό μου με κάποια αλλά ελάχιστη επίδραση, το οποίο μου είπαν να διαχειριστώ τα συμπτώματα, σε αντίθεση με την παροχή θεραπείας.

Ένας φίλος μου, ο Ρίτσαρντ, μου είπε ιστορίες για την ευλογία του πατέρα και ποιες απαντήσεις είχαν οι άνθρωποι. Κάτι στο πνεύμα μου κράτησε την ιδέα. Γνώρισα το γεγονός ότι ενώ είχα συγχωρήσει τον πατέρα μου για το χάσμα που έφυγε, δεν είχα γεμίσει το κενό ή ικανοποίησα την επιθυμία της ψυχής μου.

Και έτσι συνέβη. Ένα πρωί σε ένα καφέ, πάνω από το πρωινό, ο Ρίτσαρντ μπήκε στα παπούτσια που ο πατέρας μου δεν μπορούσε να γεμίσει και να με ευλόγησε ως γιο. Το Άγιο Πνεύμα έπεσε πάνω μου και παρέμεινε μαζί μου όλη την ημέρα. Ήταν μια όμορφη εμπειρία και εκείνο το μέρος της ψυχής μου που είχε φωνάξει ήταν σε ηρεμία.

Ένα απροσδόκητο αποτέλεσμα ήταν όμως ότι τα συμπτώματα μου του συνδρόμου ευερέθιστου εντέρου σταμάτησαν εντελώς. Τα φάρμακά μου και η διατροφή του γιατρού ρίχτηκαν έξω. Όταν η ψυχή μου έλαβε αυτό που είχε λαχτάρα, το σώμα μου θεραπεύτηκε επίσης. – Ράιαν

Μίλησα και διάβασα την «ευλογία του πατέρα» πάνω από τον εαυτό μου. Δεν θα μπορούσα να το βγάλω έξω – απλά φώναξα και φώναξα και ένιωσα ότι ο Κύριος με θεραπεύει. Ο πατέρας μου με είχε περάσει μόνο και μίλησε αρνητικά πάνω μου μέχρι να πεθάνει. Κάπως αισθάνθηκα απελευθερωμένος. – Mandy

Η ευλογία του πατέρα είχε σημαντικό αντίκτυπο όπου και αν το έχω μιλήσει. Μπορείτε να διαβάσετε μια σειρά από μαρτυρίες στη διεύθυνση www.richardbruntonministries.org/testimonies και να παρακολουθήσετε ένα βίντεο της ευλογίας του πατέρα στο www.richardbruntonministries.org/resources.

Ευλογώντας τους άλλους απελευθερώνοντας το προφητικό

Παρόλο που έχω δώσει παραδείγματα για να σας βοηθήσω να ξεκινήσετε, είναι καλό να ζητήσετε από το Άγιο Πνεύμα να σας βοηθήσει να είστε σαν το στόμα του Θεού, να δηλώσετε και να απελευθερώσετε την συγκεκριμένη πρόθεση του Θεού ή μια «λέξη στην εποχή» (η σωστή λέξη την κατάλληλη στιγμή). Εάν η κατάσταση επιτρέπει, ενεργοποιήστε το πνεύμα σας με προσευχή σε γλώσσες ή λατρεία.

Μπορείτε να ξεκινήσετε χρησιμοποιώντας τα διάφορα μοντέλα παραπάνω, αλλά εμπιστευθείτε ότι το Άγιο Πνεύμα θα σας κατευθύνει. Ακούστε τον καρδιακό παλμό του. Μπορεί να αρχίσετε να σταματάτε, αλλά σύντομα θα πιάσετε την καρδιά του Κυρίου.

Ευλογώντας το χώρο εργασίας σας
Επιστρέψτε στο Μέρος 1 και προσαρμόστε το παράδειγμα που έδωσα, από τη δική μου εμπειρία, στις περιστάσεις σας. Να είστε ανοιχτοί σε αυτό που σας δείχνει ο Θεός – μπορεί να προσαρμόσει την προοπτική σας. Η ευλογία δεν είναι κάποιο είδος μαγικού ξόρκι. Για παράδειγμα, ο Θεός δεν θα κάνει τους ανθρώπους να αγοράσουν αυτό που δεν χρειάζονται ή θέλουν. Ούτε ο Θεός θα ευλογεί την τεμπελιά και την ατιμωρησία. Αλλά αν συναντήσετε τις συνθήκες του, τότε θα πρέπει να ευλογήσετε την επιχείρησή σας – ότι ο Θεός θα σας βοηθήσει να το πάρετε από εκεί που είναι τώρα εκεί που θέλει να είναι. Ακούστε

τη συμβουλή του ή τη συμβουλή των ανθρώπων που σας στέλνει. Να είσαι ανοιχτός. Αλλά περιμένετε επίσης την εύνοιά του, επειδή σας αγαπά και θέλει να πετύχετε.

Έλαβα την ακόλουθη μαρτυρία από τον Ben Fox:

Η ιδιαίτερη δουλειά μου στον κλάδο των ακινήτων υποβλήθηκε σε αλλαγές τα τελευταία χρόνια και υπήρξε σημαντική ύφεση στην επιχείρησή μου. Είχα πάει σε αρκετούς ανθρώπους για να προσευχηθώ για τη δουλειά μου, επειδή ο φόρτος εργασίας μου μειώθηκε στο σημείο που ανησυχούσα και ανήσυχος.

Σχετικά με την ίδια στιγμή, στις αρχές του 2015, άκουσα τον κ. Brunton να κηρύττει μια σειρά μηνυμάτων σχετικά με την ευλογία της δουλειάς, της επιχείρησης, της οικογένειας και άλλων περιοχών. Μέχρι εκείνη την εποχή, το επίκεντρο των προσευχών μου ήταν να ζητήσω από τον Θεό να με βοηθήσει σε αυτές τις περιοχές. Η ιδέα του εαυτού μας μιλώντας μια ευλογία δεν μου είχε διδαχθεί, αλλά τώρα μπορώ να δω ότι είναι γραμμένο σε όλη τη Βίβλο και γνωρίζω ότι ο Θεός μας καλεί και μας έδωσε την εξουσία, να το πράξουμε στο όνομα του Ιησού . Έτσι άρχισα να ευλογώ τη δουλειά μου – να μιλήσω το Λόγο του Θεού πάνω του και να ευχαριστήσω τον Θεό γι 'αυτό. Επέμεινα με την ευλογία της δουλειάς μου κάθε πρωί και ευχαριστώντας επίσης τον Θεό για τη νέα επιχείρηση, ζητώντας του να μου στείλει πελάτες τους οποίους θα μπορούσα να βοηθήσω.

Κατά τους επόμενους δώδεκα μήνες, ο όγκος εργασίας μου αυξήθηκε σημαντικά και, έκτοτε, κατά καιρούς ήμουν σκληρός για να χειριστώ το ποσό της εργασίας που έχει έρθει στο δρόμο μου. Έχω μάθει ότι υπάρχει ένας τρόπος να συμπεριληφθεί ο Θεός στα καθημερινά μας επαγγέλματα και η ευλογία της δουλειάς μας είναι μέρος αυτού που ο Θεός μας καλεί να κάνουμε. Ως εκ τούτου, δίνω στο Θεό όλη την πίστη. Άρχισα επίσης να προσκαλέσω το Άγιο Πνεύμα στην εργάσιμη ημέρα μου, ζητώντας σοφία και ιδέες. Συγκεκριμένα, παρατήρησα ότι όταν ζητώ από το Άγιο Πνεύμα να με βοηθήσει με την αποτε-

λεσματικότητα της δουλειάς μου, το τελειώνω πολύ πριν από τον αναμενόμενο χρόνο.

Μου φαίνεται ότι η διδασκαλία της ευλογίας και πώς να το κάνω, έχει ξεχαστεί από πολλές εκκλησίες, καθώς άλλοι Χριστιανοί με τους οποίους μιλάω δεν το γνωρίζουν. Η ευλογία της δουλειάς μου έχει πλέον γίνει μια καθημερινή συνήθεια, όπως ευλογεί τους άλλους. Ανυπομονώ επίσης με την προσδοκία να δω τα φρούτα στους ανθρώπους και τα πράγματα που ευλογώ όταν είναι σύμφωνη με το Λόγο του Θεού και με το όνομα του Ιησού.

Ευλογία μιας κοινότητας
Σκέφτομαι εδώ για μια εκκλησία – ή παρόμοια οργάνωση – ευλογώντας την κοινότητα στην οποία λειτουργεί.

Άνθρωποι .... (κοινότητα), σας ευλογούμε στο όνομα του Ιησού για να γνωρίζετε τον Θεό, να γνωρίζετε τους σκοπούς Του για τη ζωή σας και να γνωρίζετε τις ευλογίες Του σε κάθε έναν από εσάς, τις οικογένειές σας και όλες τις καταστάσεις σας ζει.

Ευλογούμε κάθε νοικοκυριό .... (κοινότητα). Ευλογούμε κάθε γάμο και ευλογούμε τις σχέσεις μεταξύ των μελών της οικογένειας διαφορετικών γενεών.

Ευλογούμε την υγεία σας και τον πλούτο σας. Ευλογούμε το έργο των χεριών σας. Ευλογούμε κάθε υγιεινή επιχείρηση με την οποία ασχολείστε. Είθε να ευημερούν.

Ευλογούμε τους μαθητές στα σχολεία σας. Τους ευλογούμε να μάθουν και να καταλάβουν τι διδάσκονται. Μπορούν να μεγαλώσουν με σοφία και προς ανάστημα και υπέρ του Θεού και του ανθρώπου. Ευλογούμε τους δασκάλους και προσευχόμαστε ότι το σχολείο μπορεί να είναι ένα ασφαλές και υγιεινό μέρος, όπου η πίστη στον Θεό και στον Ιησού μπορεί να διδαχθεί άνετα.

Μιλάμε στις καρδιές όλων των ανθρώπων που βρίσκονται σε αυτήν την κοινότητα. Τους ευλο-

γούμε για να είναι ανοιχτοί στο θόρυβο του Αγίου Πνεύματος και να γίνονται όλο και πιο ευαίσθητοι στη φωνή του Θεού. Τους ευλογούμε με την υπερπήδηση της βασιλείας των ουρανών που βιώνουμε εδώ .... (Εκκλησία).

Προφανώς αυτός ο τύπος ευλογίας πρέπει να προσαρμοστεί για τον συγκεκριμένο τύπο κοινότητας. Εάν πρόκειται για αγροτική κοινότητα, μπορεί να ευλογήσετε τη γη και τα ζώα. Εάν είναι μια κοινότητα όπου η ανεργία είναι κοινή, τότε ευλογεί τις τοπικές επιχειρήσεις για να δημιουργήσει θέσεις εργασίας. Στοχεύστε την ευλογία στην ανάγκη. Μην ανησυχείτε για το αν το αξίζουν ή όχι! Οι άνθρωποι θα αισθανθούν στις καρδιές τους από όπου προέρχεται η ευλογία.

Ευλογία της γης
Στη Γένεση, βλέπουμε τον Θεό να ευλογεί την ανθρωπότητα, δίνοντάς τους κυριαρχία πάνω στη γη και όλα τα ζωντανά πράγματα, και τους διατάζει να είναι καρποφόρα και να πολλαπλασιάσουν. Αυτή ήταν μια πτυχή της αρχικής δόξας της ανθρωπότητας.

Όταν ήμουν στην Κένυα πρόσφατα, συνάντησα έναν ιεραπόστολο που πήρε τα παιδιά του δρόμου και τους δίδαξε για τη γεωργία. Μου είπε την ιστορία μιας μουσουλμανικής κοινότητας που ισχυρίστηκε ότι η γη τους ήταν καταραμένη, γιατί τίποτα δεν θα μεγάλωνε σε αυτό. Ο ιεραποστολικός μου φίλος και η χριστιανική του κοινότητα ευλόγησαν τη γη και έγινε εύφορη. Αυτή ήταν μια δραματική επίδειξη της εξουσίας του Θεού που απελευθερώθηκε από την ευλογία.

Ενώ στην Κένυα, περπατούσα επίσης γύρω από το ορφανοτροφείο που υποστήριζε η εκκλησία μας, ευλογώντας τον οπωρώνα τους, τον κήπο τους, τους chooks και τις αγελάδες τους. (Έχω ευλογήσει τα δικά μου οπωροφόρα δέντρα με εξαιρετικά αποτελέσματα.)

Ο Geoff Wiklund λέει μια ιστορία μιας εκκλησίας στις Φιλιππίνες που ευλόγησαν ένα κομμάτι της εκκλησίας στη μέση μιας σοβαρής ξηρασίας. Η γη τους ήταν το μόνο μέρος που έλαβε βροχή. Οι γειτονικοί αγρότες ήρθαν να συγκεντρώσουν νερό για το ρύζι τους από τις τάφρους που περιβάλλουν την περίμετρο της γης της εκκλησίας. Αυτό είναι ένα άλλο αξιοσημείωτο θαύμα στο οποίο η εύνοια του Θεού απελευθερώθηκε μέσω της ευλογίας.

Ευλογώντας τον Κύριο
Παρόλο που το έχω αφήσει να διαρκέσει, θα πρέπει πραγματικά να έρθει πρώτα. Ο λόγος που το έβαλα τελευταίο, ωστόσο, είναι επειδή δεν φαίνεται να ταιριάζει στο μοντέλο «μιλώντας τις προθέσεις ή την εύνοια του Θεού για κάποιον ή κάτι τέτοιο». Αντίθετα, είναι η ιδέα της «ευτυχής».

Πώς ευλογούμε τον Θεό; Ένας τρόπος για να γίνει αυτό αποδεικνύεται στον Ψαλμό 103:

Ευλογήστε τον Κύριο Ο ψυχή μου... και δεν ξεχνάτε όλα τα οφέλη Του...

Ποια είναι τα οφέλη του Κυρίου προς τις ψυχές μας; Συγχωρεί, θεραπεύει, εξαργυρώνει, κορώνες, ικανοποιεί, ανανεώνει...

Το κάνω μια πρακτική να θυμάμαι και να ευχαριστώ τον Θεό κάθε μέρα για αυτό που κάνει μέσα και μέσα μου. Θυμάμαι και εκτιμώ όλα όσα είναι για μένα. Αυτό τον ευλογεί και εγώ! Πώς νιώθεις όταν ένα παιδί ευχαριστώ ή σας εκτιμά για κάτι που κάνατε ή είπατε; Ζεστάνει την καρδιά σας και σας κάνει να θέλετε να κάνετε περισσότερα για αυτούς.

Μια τελευταία λέξη από έναν αναγνώστη

Είναι δύσκολο να εξηγήσω πώς η ευλογία έχει μεταμορφώσει τη ζωή μου. Στη σύντομη εμπειρία μου μέχρι στιγμής, κανείς δεν έχει απορρίψει μια ευλογία όταν έχω προσφερθεί να δώσω ένα – είχα ακόμη και την ευκαιρία να ευλογήσω έναν μουσουλμάνο. Προσφέροντας να προσευχηθείτε μια ευλογία για τη ζωή ενός ατόμου ανοίγει μια πόρτα ... είναι ένας τόσο απλός, μη απειλητικός τρόπος να φέρει τη βασιλεία του Θεού σε μια κατάσταση, στη ζωή ενός ατόμου. Για μένα, η δυνατότητα να προσευχηθώ μια ευλογία έχει προσθέσει ένα πολύ ειδικό εργαλείο για το πνευματικό μου κιτ εργαλείων... είναι σαν ένα μέρος της ζωής μου που προηγουμένως λείπει και έχει πλέον τοποθετηθεί στη θέση του… – Sandi

Μια τελευταία λέξη από τον συγγραφέα
Πιστεύω ότι αυτό είναι από τον Θεό:

Χριστιανός, αν ήξερες μόνο την εξουσία που έχεις στον Ιησού Χριστό, θα άλλαζες τον κόσμο.

ΑΙΤΗΣΕΙΣ

- Σκεφτείτε κάποιον που σας έχει πληγώσει – συγχωρέστε αν είναι απαραίτητο, αλλά στη συνέχεια προχωρήστε και τους ευλογεί.

- Σκεφτείτε τα πράγματα που λέτε τακτικά όπου καταρατείτε άλλους ή τον εαυτό σας. Τι θα κάνετε γι 'αυτό;

- Γράψτε μια ευλογία για τον εαυτό σας, τον σύζυγό σας και τα παιδιά σας.

- Γνωρίστε με ένα άλλο άτομο και να είστε ανοιχτοί για να προφητεύσετε πάνω τους. Ζητήστε από τον Θεό για την αποκάλυψη κάτι συγκεκριμένου και ενθαρρυντικού για αυτό το άτομο. Ξεκινήστε με την ομιλία γενικά, για παράδειγμα, «σας ευλογώ στο όνομα του Ιησού. Είθε τα σχέδια και οι σκοποί του Θεού για τη ζωή σας να φτάσουν στην καρδιά…» και να περιμένετε, να είστε υπομονετικοί. Θυμηθείτε ότι έχετε το μυαλό του Χριστού. Στη συνέχεια, ανταλλάξτε και έχετε το άλλο άτομο προφητικά να σας ευλογεί.

- Στην εκκλησία σας, οικοδομήστε μια εταιρική ευλογία για να προχωρήσετε και να θεραπεύσετε την περιοχή σας ή να ευλογήσετε την αποστολή που έχετε ήδη.

ΠΩΣ ΝΑ ΓΙΝΕΤΕ ΧΡΙΣΤΙΑΝΟΣ

Αυτό το μικρό βιβλίο γράφτηκε για τους χριστιανούς. Με «Χριστιανούς», δεν εννοώ μόνο τους ανθρώπους που ζουν καλές ζωές. Εννοώ τους ανθρώπους που «γεννιούνται» από το Πνεύμα του Θεού και που αγαπούν και ακολουθούν τον Ιησού Χριστό.

Οι άνθρωποι γίνονται σε τρία μέρη: πνεύμα, ψυχή και σώμα. Το μέρος του πνεύματος σχεδιάστηκε για να γνωρίζει και να επικοινωνούσε με έναν Άγιο Θεό, ο οποίος είναι πνεύμα. Οι άνθρωποι έγιναν για οικειότητα με τον Θεό, πνεύμα στο πνεύμα. Ωστόσο, η ανθρώπινη αμαρτία μας χωρίζει από τον Θεό, με αποτέλεσμα το θάνατο του πνεύματός μας και την απώλεια της κοινωνίας με τον Θεό.

Κατά συνέπεια, οι άνθρωποι τείνουν να λειτουργούν μόνο από τις ψυχές και τα σώματα τους. Η ψυχή περιλαμβάνει τη διάνοια, τη θέληση και τα συναισθήματα. Το αποτέλεσμα αυτό είναι πολύ εμφανές στον κόσμο: εγωισμός, υπερηφάνεια, απληστία, πείνα, πόλεμοι και έλλειψη αληθινής ειρήνης και νοήματος.

Αλλά ο Θεός είχε ένα σχέδιο να εξαργυρώσει την ανθρωπότητα. Ο Θεός Πατέρας έστειλε τον Υιό Του, τον Ιησού, ο οποίος είναι επίσης Θεός, να έρθει στη γη ως άνθρωπος για να μας δείξει τι ήταν ο Θεός – «Αν με είδατε ότι έχετε δει τον Πατέρα» – και να αναλάβει τον εαυτό του τις συνέπειες του η αμαρτία μας. Ο φριχτός θάνατός του στο σταυρό σχεδιάστηκε από την αρχή και προβλεπόταν λεπτομερώς στην Παλαιά Διαθήκη. Πληρώνει το τίμημα για την αμαρτία της ανθρωπότητας. Η θεϊκή δικαιοσύνη ήταν ικανοποιημένη.

Αλλά τότε ο Θεός έθεσε τον Ιησού από τους νεκρούς. Ο Ιησούς υπόσχεται ότι όσοι πιστεύουν σε αυτόν θα ανατραφούν επίσης από τους νεκρούς για να περάσουν την αιωνιότητα μαζί Του. Μας δίνει το πνεύμα του τώρα, ως εγγύηση, έτσι ώστε να τον γνωρίζουμε και να περπατήσουμε μαζί του για το υπόλοιπο της γήινης ζωής μας.

Έτσι, έχουμε την ουσία του Ευαγγελίου του Ιησού Χριστού. Εάν αναγνωρίσετε και ομολογήσετε την αμαρτία σας, αν πιστεύετε ότι ο Ιησούς πήρε την τιμωρία σας στον εαυτό του στο σταυρό και ότι ανατράφηκε από τους νεκρούς, τότε η δικαιοσύνη του θα σας υπογραμμιστεί. Ο Θεός θα στείλει το Άγιο Πνεύμα Του για να αναζωογονήσει το ανθρώπινο πνεύμα σας – αυτό είναι που σημαίνει να γεννηθεί ξανά – και θα είστε σε θέση να αρχίσετε να γνωρίζετε και να επικοινωνήσετε με τον Θεό στενά – γι 'αυτό σας δημιούργησε στην πρώτη θέση! Όταν το φυσικό σας σώμα πεθαίνει, ο Χριστός θα σας σηκώσει και θα σας δώσει ένα λαμπρό, αβέβαιο. Ουάου!

Ενώ συνεχίζετε σε αυτή τη γη, το Άγιο Πνεύμα (που είναι επίσης ο Θεός) θα δουλέψει μέσα σας (για να σας καθαρίσει και να σας κάνει περισσότερο σαν τον Ιησού σε χαρακτήρα) και μέσω σας (για να είστε ευλογία για τους άλλους).

Εκείνοι που επιλέγουν να μην λάβουν αυτό που ο Ιησούς πληρώνει θα πάει στην κρίση με όλες τις συνέπειές του. Δεν το θέλεις.

Εδώ είναι μια προσευχή που μπορείτε να προσευχηθείτε. Εάν προσευχηθείτε ειλικρινά, θα ξαναγυρίσετε.

Αγαπητέ Θεό στον ουρανό, έρχομαι σε σας στο όνομα του Ιησού. Σας αναγνωρίζω ότι είμαι αμαρτωλός. (Ομολογήστε όλες τις γνωστές σας αμαρτίες.) Λυπάμαι πραγματικά για τις αμαρτίες μου και για τη ζωή που έχω ζήσει χωρίς εσένα και χρειάζομαι τη συγχώρεση σας.

Πιστεύω ότι ο μόνος γιος σου, ο Ιησούς Χριστός, έριξε το πολύτιμο αίμα του στο σταυρό και πέθανε για τις αμαρτίες μου και είμαι τώρα πρόθυμος να γυρίσω από την αμαρτία μου.

Είπατε στη Βίβλο (Ρωμαίους 10: 9) ότι αν δηλώσουμε ότι ο Ιησούς είναι Κύριος και πιστεύει στις καρδιές μας ότι ο Θεός έθεσε τον Ιησού από τους νεκρούς, θα σωθούμε.

Αυτή τη στιγμή ομολογώ τον Ιησού ως Κύριο της Ψυχής μου. Πιστεύω ότι ο Θεός έθεσε τον Ιησού από τους νεκρούς. Αυτή τη στιγμή δέχομαι τον

Ιησού Χριστό ως τον προσωπικό μου Σωτήρα και, σύμφωνα με τον Λόγο Του, τώρα είμαι σωστός. Σας ευχαριστώ, Κύριε, που με αγαπάτε τόσο πολύ που ήσασταν πρόθυμοι να πεθάνετε στη θέση μου. Είσαι εκπληκτικός, Ιησούς, και σε αγαπώ.

Τώρα σας ζητώ να με βοηθήσετε από το πνεύμα σας για να είναι το άτομο που μου αρέσει να είμαι πριν από την αρχή του χρόνου. Με οδηγήστε σε συναδέλφους και στην εκκλησία της επιλογής σας που θα μπορούσα να μεγαλώσω μέσα σας. Στο όνομα του Ιησού, Αμήν.

Ευχαριστώ που διαβάσατε αυτό το μικρό βιβλίο. Θα ήθελα πολύ να λάβω μαρτυρίες για το πώς η ευλογία έχει μεταμορφώσει τη ζωή σας ή τη ζωή εκείνων που έχετε ευλογήσει.
Παρακαλώ επικοινωνήστε μαζί μου μέσω:
richard.brunton134@gmail.com

Επισκεφθείτε τη διεύθυνση
www.richardbruntonministries.org

Σχετικά με τον συγγραφέα: Ο Richard Brunton ίδρυσε τον Colmar Brunton το 1981 και το έχτισε στην πιο γνωστή εταιρεία έρευνας αγοράς της Νέας Ζηλανδίας. Αποσύρθηκε το 2014 και από τότε αφιέρωσε το χρόνο του στο γράψιμο, την ομιλία και το υπουργείο, στη Νέα Ζηλανδία και πέρα. Είναι επίσης ο συντάκτης του χρισμένου για δουλειά – μια πρόσκληση να μπει σε έναν συναρπαστικό και εκπληκτικό κόσμο, όπου το υπερφυσικό έχει ισχυρό αντίκτυπο στο χώρο εργασίας.

www.ingramcontent.com/pod-product-compliance
Lightning Source LLC
Chambersburg PA
CBHW062052290426
44109CB00027B/2808